U0558843

大先生

从孔子到柏拉图

〔美〕阿尔伯特·哈伯德 著

饶春平 肖王琰 译

台海出版社

图书在版编目（CIP）数据

大先生：从孔子到柏拉图 /（美）阿尔伯特·哈伯
德著；饶春平，肖王琰译 . -- 北京：台海出版社，
2023.10

ISBN 978-7-5168-3476-3

Ⅰ . ①大… Ⅱ . ①阿… ②饶… ③肖… Ⅲ . ①历史人
物－生平事迹－世界 Ⅳ . ① K811

中国国家版本馆 CIP 数据核字 (2023) 第 168646 号

大先生：从孔子到柏拉图

著　者：[美]阿尔伯特·哈伯德		译　者：饶春平　肖王琰	

出 版 人：蔡　旭	选题统筹：邵　军
责任编辑：徐　玥	产品经理：田　硕

出版发行：台海出版社
地　　址：北京市东城区景山东街 20 号　　邮政编码：100009
电　　话：010-64041652（发行，邮购）
传　　真：010-84045799（总编室）
网　　址：www.taimeng.org.cn/thcbs/default.htm
E - m a i l：thcbs@126.com

经　　销：全国各地新华书店
印　　刷：天津睿和印艺科技有限公司
本书如有破损、缺页、装订错误，请与本社联系调换

开　　本：880 毫米 × 1230 毫米	1/32	
字　　数：200 千字	印　张：8.75	
版　　次：2023 年 10 月第 1 版	印　次：2023 年 10 月第 1 次印刷	
书　　号：ISBN 978-7-5168-3476-3		

定　　价：56.00 元

版权所有　　翻印必究

他们心怀期冀、不知疲倦、繁忙劳碌、踌躇满志、深沉热爱，步履蹒跚、踉踉跄跄，却仍坚贞不渝。

目 录

CONTENTS

2020年初夏的一天，我接到本书译者之一饶春平的一封信，他说自己和夫人肖王琰合译了一本书，将由香港的一家出版社出版，希望我给书写个短小的前言。我第一反应是感到惊喜。惊的是他们竟能在疫情期间安下心来伏案工作，既响应了防疫的要求，尽量少出门，又能做点有益的事，一举两得。喜的是饶春平不忘自己的专业，重拾年轻时的兴趣爱好，与夫人通力合作，发挥各人所长，相得益彰，收获硕果。饶春平在大学时曾是我的研究生，学习英美文学和翻译，成绩优异。毕业后，他服从组织的安排，长期从事技术和行政工作。我曾一度为他感到惋惜，然而后来得知他在工作中取得了不少傲人的成绩，现今又与夫人合作完成了一本译著，值得庆贺。

原著的英文名为 Great Teachers，经反复琢磨，译本的书名定为《大先生》。"先生"一词在中文中有很多含义，其中之一是常用来称呼有学问和有品德的人，如教师、作家和文化工作者等，是一个尊称。本书作者阿尔伯特·哈伯德（Elbert Hubbard）是一位美国作家、杂志编辑。他自称为"一个爱好文学的商人"（a business man with literary attachment），因为他曾做过肥皂厂的推销员，后又创办工厂，经营有术，事业兴旺，称得上是一位成功的商人，但就在他达到商业巅峰之时，却因难忘年轻时对文学的爱好，决定弃商从文。他成了一个自由撰稿人，并独立创办多种杂志，其中有一份月刊，连续几年发行量达每月十万份以上，在当时的出版界独占鳌头，风靡一时。他对历史上一些著名人物的故居、家乡或足迹所到之处，怀有极大的兴趣，出版了题为《短小游记》（*Little Journey*）的系列丛书，对不少名人做了精致的介绍，记叙生动，情景交融，把事实和评述交织在一起，创造了一种独具一格的传记文学。他最著名的一本纪实作品，题为《致加西亚的信》，讲述了1898年西美战争中的一个故事，颂扬忠于职守、敬业至上的精神，至今仍不失为一本励志的畅销书。不幸的是，1915年哈伯德与其夫人搭乘的邮轮在爱尔兰海岸附近被德国潜艇击沉，葬身海底。

《大先生》是作者专为中西方教育大师们撰写的一本传记集，书中精选了历史上为教育事业做出重要贡献的一些"先生"。我饶有兴趣地读完，留下了很深刻的印象，觉得此书有几个较突出的特点，不揣浅陋，写出来供参考。

首先，作者在选择传主时非常严谨细致又广开思路，照顾到方方面面。从古至今，世上杰出的教育家如群星璀璨，不胜枚举。作者遴选出的"先生"是经过精心设计的，可谓精挑细选。从时间和空间上来说，绵亘广阔。时间上从前1300多年到20世纪初，跨越了三千多年。地域上覆盖欧洲、亚洲和美洲三大洲，学者来自八个不同的国家。作者一反"西方中心主义"，将东方大国——中国的"万世师表"孔子置于其中，并给予很高的评价，赞誉备至。从性别上说，男性无疑占了主导地位，但他也没有忽视女性。如古埃及的数学家希帕蒂娅，她不仅在数学上有很高的造诣和成就，同时也是一位哲学家、新柏拉图主义者，游走四方讲学，一生贡献给教育事业。再从教育的层次来说，既有学前教育，也有高等教育或成人教育；既有职业教育，也有业余教育。作者在讲述美国黑人教育家布克·T.华盛顿的故事时，也充满了激情和崇敬。他特别赞许华盛顿提出的教育理念——教育的最终目的是使人们能够通过服务社会而使自己受益，使人们变得有用、有助、自力、健康。时至今日它仍具有重要的现实意义。

其次，本书在叙述的方式和方法上多种多样，不套用一个模式，因人而异，各放异彩。试想若采用一种方式来写十几个人的传记，很可能会使读者感到单调乏味。阿尔伯特·哈伯德不愧为写传记的高手。他根据每位传主不同的生活经历、不同的精神面貌、不同的性格、不同的教育理念和思想，以及不同的成就和影响，采取不同的叙事手法，在读者的脑海里留下各具特色的形象。如摩西，对这位据传为《圣经·旧约》前五卷的执笔人，作者没有用太多的笔墨来介绍他的宗教信仰，以及阐述"十诫"等宗教教义，而是用较大的篇幅讲述他在埃及宫廷的生活、他的家庭和身世。据传摩西的父亲是希伯来人，而母亲是一位埃及法老的女儿，摩西四十岁时在井边取水偶遇祭司的女儿，两人喜结良缘。这些传奇故事为这位宗教人物增添了不少世俗的色彩。而布克·T.华盛顿的传记则会带来震撼心灵的阅读体验。年仅十二岁的布克为了求生和求知，下矿井挖煤、上夜校学习，度过了艰难的童年。为了去免费的学校读书，他不顾路途遥远，毅然步行五百多英里[1]，风餐露宿，忍饥受冻，不达目的誓不放弃。当南方奴隶主宣布小黑奴布克获得自由时，读者也会被深深打动。作者的描述淋漓尽致，感人肺腑。书中各篇的写作风格迥异，妙笔生花，各具特色，限于篇幅，不便在此逐一阐述，可以说作者为传记的写作方法提供了多个范例。

　　作者谦虚地称自己只是"一个爱好文学的商人"，实际上，从他的作品来看，他的文学修养是很高的，文笔娴熟，博览群书，涉猎广泛。他不仅对历史、地理、艺术、哲学、宗教、经济等知识旁征博引，信手拈来，而且他对科学知识也很有兴趣，能将数学、天文学、物理学等知识娓娓道来。在这些教育家中就有两位数学家——毕达哥拉斯和希帕蒂娅。这些传记让我们了解教育思想的发展，开阔视野，领悟人生，增长知识。在此，提醒读者在阅读本书时，千万不要忽视书中的所有注释，它们不仅帮助我更好地了解了这些

---

[1] 英里：英制长度单位，旧译哩，1英里约等于1.609千米。

传主，还丰富和充实了我的见闻，让我受益匪浅。

　　掩卷沉思，我不得不说由于这本书出版于1916年，距今已有一百多年了，加之涉及的领域广泛，有些观念、思想、资料，以及对某些人物和事件的评价，难免会与我们了解和掌握的有所不同。就孔子一章而言，由于我们对自己的国家和孔子都比较熟悉，较容易发现作者的描写和我们的认知存在的一些差异。最明显的例子是书中引用了英国一位名叫爱德华·卡尔彭特牧师写的一大段话，用抒情的笔法和优美的文字，把当时的中国描写成了一个"世外桃源"或"伊甸园"。实际上，百年前的中国惨遭帝国主义列强的侵略和蹂躏，政府腐败，内战不绝，民不聊生。他的描述与实际情况不尽相符。书中还存在其他的一些问题和不足，但瑕不掩瑜，这是一本值得向读者，特别是对教育问题有兴趣的朋友们推荐的好书。最后，我想我们还应该感谢两位译者，他们不辞辛苦，精心翻译，反复修改，把它呈献给我们。

　　兹为序。

姚乃强[1]

2020年仲夏于上海

1　姚乃强：中国人民解放军战略支援部队信息工程大学教授，博士生导师。曾任高等学校外语专业教学指导委员会委员，中国英汉语比较研究会英语教学研究分会常务理事，全国美国文学研究会常务理事等。享受国务院政府特殊津贴。译著有《红字》《了不起的盖茨比》等。主持审译《蓝登书屋韦氏英汉大学词典》《柯林斯高阶英汉双解词典》等多部词典。

本书作者阿尔伯特·哈伯德博文广识，文笔天马行空，思绪纵横驰骋，语言诙谐幽默，又喜旁征博引，文中会有一些西方背景的东西，读者朋友初次读来，也许不一定能立刻理解。但此书是一锅老火靓汤，有营养，有滋味，反复品尝、咂摸，您定会面露微笑，心领神会，颔首赞许。这是译者翻译过程中的乐趣，也是阅读之快乐！愿以此书飨君。

我们为了争分夺秒地翻译此书，让年仅十岁、稚气未脱的儿子，独自去超市采买。没想到孩子拎回来一把嫩黄的韭黄当大葱！鸡翅，则被一整只鸡给冒充了！同时买的鸡蛋，在他蹦蹦跳跳回家的路上，给拎着甩来甩去，蛋液横流……好吧，生活就是这样，有点苦，有点忙，有点喜，有点甜。

译者的恩师姚乃强教授（博导）是翻译及辞典编纂的大师。年已八十有四的他，将字放大七倍，认真阅读近二十万字，用心作序，几易其稿。恩师精益求精的严谨、炉火纯青的水准，令我们敬佩、感激和汗颜。

在此鸣谢我们多年的好友李星、叶大萌，对本书翻译、出版的帮助！

饶春平、肖王琰

2020 年 7 月于塘朗山麓

孔子

　　孔子（Confucius，前551—前479），名丘，字仲尼，春秋末期鲁国陬邑（今山东曲阜东南）人。中国古代思想家、教育家，中华文化中的核心学说儒家学说的首代宗师。他集中华上古文化之大成，在世时已被誉为"天纵之圣""天之木铎"，是当时最博学者之一，并且被后世尊为至圣、至圣先师、万世师表。相传孔子有弟子三千，贤弟子七十二人，曾带领弟子周游列国十四年。孔子还是一位古文献整理家，曾修《诗》《书》，定《礼》《乐》，序《周易》，作《春秋》。孔子和他创立的儒家思想及学说对中国和朝鲜、韩国、日本、越南等地区有深远的影响，这些地区又被合称为儒家文化圈。

颜渊喟然叹曰："仰之弥高，钻之弥坚，瞻之在前，忽焉在后。夫子循循然善诱人，博我以文，约我以礼，欲罢不能。既竭吾才，如有所立卓尔，虽欲从之，末由也已。"

——《论语·子罕篇》

孔 子
CONFUCIUS

中国人占地球上居民的四分之一，有四亿人[1]之多。

他们能做很多我们无法做到之事，而我们也能做一些他们暂时还不会做的事情。但他们正在向我们学习，也许，如果我们向他们学习，我们将做得更好。在中国，如今有了电车、电话线路、打字机、收银机和管道系统。中国是一个正从沉睡中醒来的巨人。谁要是认为中国是一个摇摇欲坠、正走向废墟的国家，那他一定是睡过头了，而且没往办公室打个电话！

西方不能再忽视中国，也付不起这个代价。既然不能放弃她，或许，剩下的最好的事便是试图去了解和理解她。

在中国，如雷贯耳、声名远在他人之上的，便是这位孔子。这位人中之龙，对中国的影响非常巨大，人们热爱并珍视他，将他的词句当作金科玉律，反复诵咏。

孔子出生于这样的一个时代：理智的浪潮狂扫世界——国家动荡不安，不满情绪导致各种思潮风起云涌。

1　本书第一版出版时间为 1916 年，当时中国的人口大约四亿。——以下均为译者注

那正是希腊繁荣的前夜。

孔子去世时，伯里克利[1]十七岁。特米斯托克利斯[2]正在为伯里克利开路。此时，提洛岛[3]宝藏的搜集，使菲狄亚斯[4]与帕特农神庙成为可能。在孔子生活的年代，同时生活着列奥尼达[5]、米太亚得[6]、居鲁士大帝、冈比西斯[7]、大流士[8]、薛西斯[9]。那时，自然而然地发生了马拉松战役、萨拉米斯[10]海战、温泉关战役。同时代还生活着乔答摩[11]、老子、以西结[12]、但以理[13]、哈该[14]、撒迦利亚、毕达哥拉斯[15]、

1　伯里克利（约前495—前429）：古雅典政治家。因推进了雅典民主制并下令建造帕特农神庙而著名。

2　特米斯托克利斯（前525－前460）：古雅典政治家、军事统帅。

3　提洛岛：位于爱琴海中，据传为阿耳忒弥斯和阿波罗的诞生地。

4　菲狄亚斯：雅典雕塑家，曾监管帕特农神庙的工作，其奥林匹亚的宙斯雕像是世界七大奇观之一。帕特农神庙是女神雅典娜的主要神庙，位于雅典卫城上，建于前447年和前432年之间，被认为是多利安式建筑的杰出代表。

5　列奥尼达：斯巴达国王列奥尼达一世（？－前480）。在希腊文中意为"猛狮之子"或"猛狮一样的人"。他率领的三百斯巴达士兵，在第二次希波战争温泉关一役中的英勇表现，使他成为古希腊英雄人物。

6　米太亚得：雅典将军，曾在马拉松战役（前490）中打败了波斯人。

7　冈比西斯：古波斯王，居鲁士的儿子。于前525年灭埃及。后国内发生起义，于返国途中暴卒。

8　大流士：大流士一世（约前550—前486），古波斯王，世称大流士大帝。

9　薛西斯：薛西斯一世（约前519—前465），古波斯王，是大流士一世与居鲁士大帝之女阿托莎的儿子。

10　萨拉米斯：希腊雅典以东的萨罗尼克湾内的一个岛屿。前480年，在发生于该岛东北沿岸附近的海战中，特米斯托克利斯率领希腊人打败了波斯舰队。

11　乔答摩：释迦牟尼之俗姓，古印度迦毗罗卫国净饭王的太子，佛教的创始人。

12　以西结：《圣经》中的四大先知之一，希伯来预言家。前6世纪，他号召犹太人出走巴比伦以回归敬神和信仰。由于人们认为以西结影响了以色列日后的敬拜，他被称为"犹太教之父"。

13　但以理：《圣经》中的四大先知之一，年轻时被掳到巴比伦为奴，因善于解梦被巴比伦王尼布甲尼撒二世任命为大臣。

14　哈该：与下文的撒迦利亚，均为前6世纪时的希伯来先知。

15　毕达哥拉斯：希腊哲学家、数学家、天文学家。请参见本书《毕达哥拉斯》一章的内容。

品达[1]、埃斯库罗斯[2]与阿那克里翁[3]。

中国人通过语言与习俗，与他们古老的祖先联系起来，这一点上，远远超过其他民族。他们是一群特殊的人、一群上天的选民、一群与众不同的人。我们不清楚他们是从什么时候起，与世上其他人隔离开，抛弃他们的游牧习惯的，他们用建起的一道高达一百英尺[4]的城墙，将他们自己从外敌入侵的危险中保护起来，并建立起一个庞大的帝国。有历史学家确定时间大约为前 10000 年——姑且算是这样吧。中国有确证的历史，可追溯到前 2500 年。而我们西方的历史，依稀算起来，也仅从基督纪元前 750 年开始而已。

以色列人到处漂泊流浪、四海为家，中国人却一直固守在家里。城墙有这么个坏处：它在把掠夺者关在墙外的同时，也把自己人关在了里面。不过，如今城墙已经有了大量的豁口。通过这些豁口，有些居民逐渐外徙。这使得数千英里之外的人大声疾呼，提出警告："黄祸！"[5]同样，通过这些豁口，以色列人、英国人、美国人，也都无所畏惧地进入，定居在这个"异教徒"的国家，坐贾行商。

这确实是一段划时代的历史。最终将如何结束，鲜有人敢予断言。

以下内容摘自爱德华·卡尔彭特的作品，他是英国圣公会副牧师。

1　品达：希腊田园诗、抒情诗诗人，以《颂歌集》著称于世。

2　埃斯库罗斯（前 525—前 456）：希腊悲剧作家，有"悲剧之父"的美誉。名作有《被缚的普罗米修斯》《波斯人》等。前 490 年，参加马拉松战役；前 480 年雅典被毁后，他在希腊舰队里参加了萨拉米斯海战。《波斯人》是对他战时经验的回味，并为他赢得了诗人比赛的最高奖。

3　阿那克里翁（约前 570—约前 480）：古希腊抒情诗人，善于写歌颂爱情和美酒的诗。

4　英尺：1 英尺约为 0.305 米。

5　黄祸：西方诬指所谓来自亚洲的威胁，尤指来自中国的威胁。

他也是我们的沃尔特·惠特曼[1]的伟大朋友兼崇拜者。他不远万里，漂洋过海前来与惠特曼牵手合作，传播民主教义与仁爱宗教。

在中国内陆，沿着低缓的平原，沿着深深的河谷，沿着湖滨两岸，是那远处的丘陵和高山地区。

只见：人烟稠密，摩肩接踵，熙来攘往！他们扎根于这片土地，扎根于宗族与家庭。

整个世上最为富饶多产、稳固安定的地方。这就是个大果园啊——一片水土丰美、遍地流油之地。精美珍贵的庄稼茁壮成长，稻谷飘香、绿茶染翠、丝绸绚丽、白糖甜美、棉花盛开、柑橘争艳。

你看见了吗？——那连绵不绝地延伸出去的，蜿蜒的河流与明镜般的湖泊，柔和的起伏不定的低地，陡峭嶙峋的高高的山脉。

看不尽的锦绣河山，数不清的灿烂文明——鲜翠的新稻，墨绿的橘林；排列成行的茶园精心锄过，沟里展露出裸土；修剪齐整的桑树，一片片的棉花、玉米、麦子、甜薯，还有苜蓿；红墙碧瓦的村舍，飞檐凌空；一丛丛翠绿的竹叶，如羽毛般光洁柔滑；成片的甘蔗林，随风起伏。

无穷无尽的灌溉沟渠与运河，如银丝银线般镶嵌着连绵数十、数百英里的山岗。群山层峦叠嶂，一重又一重，笔走龙蛇一般蜿蜒伸入更低的斜坡与平原。

1　沃尔特·惠特曼（1819—1892）：美国诗人。其作品《草叶集》（1855）用非传统的韵律和韵文写成，宣扬自我，表达对宇宙万物的哲学和宗教思考。

这些是几个世纪以来众多能工巧匠和乐善好施积累而出的成果，世世代代传承下去。

三角洲平原的大运河，绵延七百英里，是一条繁忙的航路。挤满了平底帆船[1]，百舸争流。河岸边的村庄如满天繁星数不清。

链式泵由水牛或人力操作，将水投掷到斜坡和山岗上，一层又一层，一渠再一渠。

溪流与瀑布，昼夜不停歇地奔跑着，注入翡翠绿的洞穴与深潭中，流入小坡与平原的田野里。

岩石与野生林，到处点缀着广袤的大地。佛教或耆那教寺庙的檐角，时不时从掩映的树丛中伸展而出。

那里有一丛丛艳丽的杜鹃花与夹竹桃，一群群镇定自若的野鹿与雄鸡；黄昏时分，音乐响起，或铿锵激越，或柔和婉转——知足恬静、和美安宁的气氛飘散开来，弥漫于空中。

你且将这片土地称作果园吧，因为她丰饶的庄稼与遍地的花朵。

你几乎也可称她为城镇，因为她人口众多。

她人口稠密，幅员辽阔，超过世界上的任何其他地方——家家户户那五六亩地里的产物，挤挤挨挨，摩肩接踵，三三两两，持续不断地在这片广阔的土地上，拥向富足的商业中心；这是一个公路数量不多的国家，然而有着数不清的小道与水路。

在这里，每个家庭都深深扎根于这片土地，扎根于自己的家族，坚守着从老祖宗那儿传下来的那份地，家庭的每个分支都无心

1　平底帆船：一种中国式帆船，有高高的艉楼和固定的船帆。

他顾，只想着守住自己那份祖传田产；家庭的每个成员，首先要为自己的错误或缺点，向家庭负责；所有人因着对祖先的共同崇敬而紧密团结在一起，敬畏过去，敬畏旧有的信仰以及沉淀下来的偏见；带着许多古老、睿智、朴素的风俗习惯，裹挟着远古世纪以及孔子时代之风；这个巨大的人群定居下来，繁衍生息——她是世界上最安居乐业、最勤劳多产的民族。

而政府触及到她，却是轻轻地——能触及到她，但只能是轻轻地。行政人员非常之少（整整四亿人中，只有大约两万五千人），税赋也非常之低（大约每人一美元）。这是因为宗族与家庭对公正与事务具有广泛管理权——仅留了一点点范畴给政府处理。

这群伟大的、自我平衡良好的人，追求着自己的平衡与约定俗成之方式。从不关注法令与外国条约，除非它们确实受人欢迎。在这些事务上，他们对文化人的说法及研究院的评议给予了更为充分的尊重。而宗教也触及到她，也是轻轻地——能触及到她，但只能是轻轻地。

基础必须建立于现在、过去与未来的世世代代的现实生活与居住群体之上。每个人安身立命于世上，已由最强大的纽结与社会群体紧密联结在一起——不需要关于天堂的梦想与承诺来使他安心。

而一切，皆系于脚下这片土地。

土地上的每一个原子都获得了回报，要承担神圣的使命（不是像排水沟那样将它们毫不留情地送归大海），通过这种卑微的共识，他们追寻到了通往天堂的大门——建筑于人类土壤之上的、他们的天国之城！

西方世界对孔子的初次了解，始于 16 世纪后半叶，由耶稣会[1]传教士传入。毫无疑问地，是由这些传教士给他冠以一个拉丁化的名字"孔夫西尔斯（Confucius）"。他原本的中文名字是孔子。

　　这些传教士对孔子之伟大印象深刻，因此他们敦促梵蒂冈[2]，将他的名字置于圣徒日程表上。一开始他们争论他的学说，但很快就停止了，只剩下每次基督教礼拜仪式开始时唱的一首赞美诗，这是"孔子"取得的少许的胜利。确切地说，它应被称为"中国的歌曲"。它的开场篇是这样的：

　　　　孔子！孔子！

　　　　大哉孔子！

　　　　孔子以前，未有孔子；

　　　　孔子之后，更无孔子。

　　　　孔子！孔子！

　　　　大哉孔子！

　　这些早期的耶稣会士对孔子的赞美，最初被罗马所关注，被认为是他们因在宗教服务上乏善可陈而进行的致歉。然而此后，对中国文化进行科学研究之后，印证了耶稣会传教士原来所宣称的所有的内容。如今，孔子

1　耶稣会：是由圣依纳爵·罗耀拉于 1534 年所创立的教团，从事教育文化、对外传教、大众传播等工作。

2　梵蒂冈：罗马教廷的所在地，代指罗马教廷，亦指教皇权力。

已与苏格拉底[1]，以及屈指可数的，我们称为世界救星的六位，相提并论。

　　然而，孔子并未宣称有什么"神圣的发现"，他也并未努力寻求建立一个宗教。他仅仅是一位教师，他所传授的是生活之道——生活在现世，与朴素简单的、组成这个大千世界的男男女女一道生活。通过改善他们的人生，来改善我们自己的。至于未来世界，他直言说他一无所知。提及超自然时，他总是保持缄默，甚至斥责他的妄图窥探天机的弟子们。"上帝"这个词他从未使用过，但他对某种至高无上的智慧的认可，也仅限于使用一个词——我们能译出的最恰当的词是"上天"。因为，它代表一个地方，而非指一个人。他不断提及"顺天意"，并说出类似"尽人事而听天命"的很多新思想的格言警句。

　　毫无疑问，此君是一位造诣极高、技艺超凡、富有艺术性的文学大家。他的言辞谈吐的形式，有寓言、格言、警句、短语，并颇具韵律感。他为悦其耳而作，他的平生之愿，似乎就是为了以最简短的词句，传递出至真之理。中国人，哪怕是卑微的凡夫俗子、大字不识的村野鄙夫，也知道数百条孔子的格言警句，并引用到他们的日常会话或书写中。就像受过教育的英国人，引用《圣经》和莎士比亚的词句。

　　伍公使[2]在美国多个城市讲演时，将孔子与爱默生进行比较。列举了这两位先圣在思想上的很多方面交相辉映。在所有美国人当中，爱默

1　苏格拉底（前469—前399）：希腊哲学家，首创了问答教学方法作为认识自我的一种方法。被指控蛊惑雅典年轻人的头脑而受到审判，并被处死。他关于道德和正义的理论，通过其学生柏拉图的著作流传下来。

2　指伍廷芳（1842—1922），中国外交家、法学家。中国近代第一个取得英国法律学博士学位的中国人。曾任清政府驻美、墨、秘、古等国公使，辛亥革命后投身于孙中山领导的革命运动，为推翻帝制，建立共和做出了贡献。

生，应该是唯一的一位能与之相提并论的人物。

万古流芳的作者，是那些给世界创造口耳相传的智慧之人——格言警句，均言简意赅、琅琅上口、好记易诵。换言之，想不记住也难。

孔子说："每个道理有四个角：为师的我给出你们一个角，剩下的三个角则要你们自己去找。"[1]

真正的言辞或事物的艺术家，或多或少总是有些印象主义的——他遣词用句使的是格言比喻，让听者自己用心去琢磨它的含义。

警句，是对真理的一个概括。警句的不利之处，便是它诱惑那些老好人，好为人师地去给那些被认为是愚钝到无法独立领会它的人以解释。由于往往并不能解释清楚，其结果则成了个大杂烩，并毫无疑问地将被全部吐出或是丢弃。孔子本身的意思非常简单明白，直到他被人解释来解释去。之后就各立门户、宗派林立，将提供那些晦涩的解释视为己任。中国，这片人类繁衍生息之地，像这世界上别的地方一样，长久以来饱受将真理固化、僵化之苦。真理是流动的，不是一成不变的，必须允许它自由流淌。将一件事实僵化，便是彻头彻尾的迷信。孔子就像一位自由贸易家一样，认同更灵活的解释。

中国的政权形式从本质上说，很长时间以来一直是封建社会。中国由为数众多的封邑组成，每处封邑由一位诸侯或地方长官统治着。这些封邑，由一个非常宽松的联邦政府组合在一起，皇帝是至高无上的统治

---

1 即举一反三。源自《论语·述而篇》："子曰：'不愤不启，不悱不发，举一隅不以三隅反，则不复也。'"大意为："孔子说：'教导学生，不到他想弄明白而不得之时，不去开导他；不到他想说却说不出来之时，不去启发他；教给他一个方面的东西，他却不能由此而推知其他三个方面的东西，那就不再教他了。'"

者。封邑拥有一定的权力优势。封邑与封邑之间有时会有战争，或者，有的封邑会退出——这种情况并不多见。过了些年，它们高兴的话，又会回到大家庭，就像离家出走的男孩，或是一怒之下甩手不干的农场工。中国人非常有耐心——他们明白，时间是良方，能医治好那些将自己置身于大家保护之外的人，而且他们会承担起这重大的责任与义务。

地方诸侯通常能领悟到"社会契约"[1]的精髓——他只通过良好的行为，来管理自己的政府。并将自身的利益，与他的子民的利益合二为一。

纥[2]，孔子之父，曾当过其中一个小封邑的长官。为了帮助他的子民，他倾其所有，以致家境清贫。当他们天赋异禀的儿子出生时，纥已是七十岁的人了，其妻年仅十七。孔子三岁时，父亲去世了，抚养与教育这男孩的重任，便完全落在了母亲的肩上。这位母亲有着罕见的思想与精神上的美德。她慎重地为自己和孩子选择过一种清贫，但自食其力的生活，而不是去仰仗富有的亲戚的照顾。男孩在一个镇子上被抚养长大，他不被允许认为自己比镇上的其他孩子强，虽然他已证明他确实比他人强。他在菜园子里干活、照顾牛羊、修补道路、砍柴挑水、侍奉长辈。每到晚上，母亲就会将他父亲当年孔武有力、惜客好义、英勇无畏、忠诚可托、至真率性，以及对知识的渴求的事迹娓娓道来。因为有了知识，就可以更好地为他的人民服务。

1　社会契约：18世纪法国思想家让－雅克·卢梭在《社会契约论》一书中阐述的思想。其主权在民的思想，是现代民主制度的基石，深刻影响了逐步废除欧洲君主绝对权力的运动和18世纪末北美殖民地摆脱英国统治，建立民主制度的斗争。美国的《独立宣言》和法国的《人权宣言》，以及两国的宪法均体现了《社会契约论》的民主思想。
2　纥：孔子的父亲字叔梁，名纥，是当时鲁国有名的武士，建立过两次战功，曾任陬邑大夫。

粗糙简单的食物、田野上的长途行走、攀爬树木、弯腰播种、每日在溪流中的沐浴，这一切使得这位少年身强力壮。他日落时就寝，在第一缕晨曦照射大地时起床，这样他就能看见日出。晨与暮，这对母子都有虔诚的仪式，包括弹奏乐器、歌唱或是吟颂天地万物之美与善。

孔子十五岁时，已被誉为出众的乐师了。左邻右舍会聚集过来听他演奏。十九岁时，他已比本国同龄人更为高大、健康强壮、生气勃勃、技艺娴熟。

他当牧场管理官员时，需要长时间在马背上驰骋，去解决相互敌对的牧羊人之间的纠纷，由此我们可以猜测到他的贵族职责和质朴品质。草原属于封邑，而山羊、绵羊，以及牛群的主人之间却争端不断。蒙大拿人与科罗拉多人一定对此深有体会。孔子召集起这些争执者，并长时间地向他们灌输争吵的荒谬之处，以及相互理解并走到一起的必要性。于是，他首次提出了他那最著名的警句："己所不欲，勿施于人。"

这条金科玉律的反面说明，在孔子作品中能找到各种不同的表述方式。对中文的字面翻译，要想完全恰当几乎是不可能的。因为，中文有很多单个的标志或符号，代表着一句完整的意思。而要表述同样的内容，我们往往要用上一整页才行。

孔子有一个字，以如此诗意的方式表达了这一金科玉律，我们无法将它充分表达传递给西方人士。这个字，写成英语为"Shu"（恕）[1]，意思是：我的心回应着你的心；或是，我的心之所愿，便是满足你的心之所愿；或是，我希望对你做的，正是我愿意你对我做的。这一标志、象征，

1　源自《论语》："子曰：'其恕乎！己所不欲，勿施于人。'"

或曰字词，孔子常常刻在路边的树皮上。法国人也有着类似的冲动念头，要将"自由、博爱、平等"刻在所有公众建筑的入口。孔子将他自己的爱与友谊的标志，画在一块木板上，把它插入他暂居的帐篷前的地里。后来，一些友人将它制成一面旗帜，送给了他，成了他的和平之旗。

他在平息牧人之间的冲突上的成功，以及在他的民众当中制造出的祥和生活，很快为他带来了巨大的声誉，名声远在他自己的封邑之外。作为一名法官，他有能力让双方当事人看到他们的错误之处，并安排他们达成共识。

他作为裁决人的资质，并不仅仅限于劝说的力量——他能将箭射得非常远，投掷矛的准确度，比他遇到的任何男人都高。自然而然地，有大量的有关他勇猛果敢的民间传说，其中一些将他塑造成一个圣乔治[1]与威廉·退尔[2]的混合体，外加一些阿尔弗雷德大帝[3]的王者之气。撇开那些不可思议之处，我们愿意相信此君有着巨人般的力量，然而，他足以伟大，不会随便地去使用这些力量。

我们非常愿意相信，当他遇到强盗的打劫时，他会将他们组织起来进行会话。围坐在草地上，他使强盗们认识到，他们所从事的行业是非常糟糕的。并且，后来，他并没有将他们绞死，不像我们那位老朋友尤利乌

---

1 圣乔治：圣徒名。传说为3世纪出生于巴勒斯坦的罗马骑兵军官，骁勇善战。他因试图阻止皇帝对基督徒的迫害而被杀。后被尊为军队和士兵的主保护圣徒。民间故事有圣乔治屠龙与救少女等，传达了保护弱者、直面侵略、牺牲成就圣洁的精神。

2 威廉·退尔：瑞士传说中的英雄。哈布斯堡王朝残暴的新任总督规定，居民经过中央广场的柱子时，必须向挂在柱顶的奥地利皇家帽子敬礼，违者将被重罚。农民威廉·退尔因未向帽子敬礼而被捕，总督要他射中放在其子头上的苹果才释放他们。退尔一箭射中了苹果，从而保住了自己和孩子的性命。后来退尔在一次行动中射杀了总督，报仇除害。

3 阿尔弗雷德大帝：英格兰国王。事迹参见本书《阿尔弗雷德大帝》一章的内容。

斯·恺撒大帝在类似情况下的所作所为。[1] 二十七岁时，他不再出去主持法庭与解决争端，而是将争执各方请过来。他们应邀而来，他给他们讲授一些道德方面的课程。一周内，在每天一小时长的课堂上，他们往往被说服，认识到争吵是愚蠢的行为。因为争吵会消耗身体的能量、分散思维、干扰心神，劳心伤神的争吵，会在很多方面给争吵之人带来损失。

这种开庭方式，对我们来说未免太过匪夷所思、古里古怪了。但孔子一直坚持，人必须控制住自己的脾气、做事公平。这样才能不用暴力就解决好争端。他认为，通过争斗可以决定谁更强壮、更年轻、更会使用臂膀打架，可这并不能决定谁是正确的，这得由你自己心底的"天意"来解决。

让"天意"进入你的心灵，培养好你的良知，使它能敏感地考虑他人的权益，这样就得到了智慧。

他认为，为他人在具体问题上做好决定，会使他们失去自己独立做决定的能力。当被问及，一个公正之人，在处理一桩完全不公平的事情时该如何做时，他说人做冤枉事，是在自己的心田上种下刺麻。

当他的一些弟子来个苏格拉底式的提问，问他受伤害的一方要如何获助，他回答道，被抢劫或是被冤枉，这本没什么。除非，你一直心里惦记着此事。当被追问时，他说男人，只有在保护自己或家人免受身体伤害时，才可以争斗。

又一个问题来了，如果我们要保护家人，不就应该学会如何战斗

1　恺撒曾被一伙海盗绑架。海盗头领见恺撒气宇轩昂，衣着不俗，便要求交 20 个塔兰特（古罗马货币）的赎金。当时赎一个普通人只需两三个塔兰特。恺撒认为海盗要价太低，主动要求涨到50 个塔兰特。海盗被他的气势所震慑，对这位人质尽力优待。恺撒脱难后，立即组织人马将这伙海盗一网打尽。

吗？回答是，公正之人，若他恰当地参与了所有善事，他便是争吵中唯一值得敬畏之人，因为，他无所畏惧。

反反复复地，这些劝导以不同的词句表达出来："无畏——无所畏惧！"当被追问如何用一个字揭示幸福人生的秘密时，他给出了一个字，我们权且译作"Ning"（宁）。

孔子的母亲在他刚成年时便去世了。对她，他一直保持着最敬仰、最虔诚的怀念。

每次远行前，他都会到她坟前拜别；每次归来，在与他人开口说话前，他都会缄默着到坟前告祝。每到她的周年忌日，他都不吃任何食物，弟子们也无从见他。这种孝道，有时被粗俗鲁莽地称为"祖先崇拜"，西方世界对此难以理解。但这里面有一层非常微妙、隐秘的精神意义。它暗示只有通过我们的父母，我们才能实现与上天的意识或个人接触。父母爱我们，生育我们，对尚在襁褓之中的我们倾注无限的耐心，培养教导青少年的我们，对正处在人生鼎盛之年的我们满怀期待。为了回报和认可父母之恩，我们最起码应该做的，便是在所有祝祷与献祭时，记着他们。上天为我们带来了父母，因此，父母之地位是神圣的。

显而易见地，敬奉祖先是美好并且有益的，应被正确理解，并且无人能再将其称为"异端"。孔子常常赞扬自己的母亲在清贫中将他抚养成人。这种贫困的生活，让他亲身感受到世间万物和种种知识，而这些，是悠闲、奢侈的贵族阶层无缘接触的。

他与大自然及平民非常亲密，他认为他雇用的所有熟练的驾车人都应当属于贵族。这就相当于给了匠人们头衔或是学位——这些能干事的人——从本质上来说，我们认为这是一个非常现代的观念。

我想，中国是世界上第一个将蚕的丝织成布料的。第一次制造丝绸所需要的耐心、细致与创造性的技巧，令人击节赞叹。孔子认为使用植物纤维来制造亚麻布这一发明，比使用蚕丝更伟大，这一说法，也给了我们一条发明的索引。孔子对蚕蛾有着一种柔情，与我们的素食主义者朋友们对被杀来做食物的动物有着类似的感情。孔子因为感情上的因由，喜着麻布衣物超过丝绸。蚕将自己变身为茧，本意是要实现一个快乐地展翅飞翔的梦想，却因人类的贪婪，命丧他手。同样地，孔子在牛犊断奶之前，不会喝那母牛的奶，因为这样做的话，便是令人不齿地利用母牛产奶哺育的本能。如此看来，对一个我们称之为"一元论"[1]或曰"一"的现代理念，孔子有着一个非常公平的观点。他同样说道："一切皆为一个整体。"对有生命的世间万物，他一直有着一颗和善、慈蔼与关爱的心。

　　预言家中，无人像苏格拉底一样，在学说方面与孔子如此类似。只不过，孔子从不因比较而伤神。他有着雅典人所不具备的人性之美、尊贵与仁慈。苏格拉底或多或少是个滑稽之人，在雅典的许多人眼里，他不过是个大大的笑话——一个全城的傻瓜。孔子将柏拉图的学识与风度，与苏格拉底坚固实用的常识完美结合在一起。从来没有人侮辱或冒犯他。很多人也许并不理解他，但他却平等地与王公贵族或是贫民乞丐会面。

　　在他的旅途中，孔子经常去拜访隐士或僧侣——那些逃避现世、想成圣成仙之人。对这些遁世之人，孔子是同情多于敬重。"世上之事很

1　一元论：把世界万物归结为一种本原的哲学学说。18世纪德国哲学家C.沃尔弗首创"一元论"一词，19世纪德国动物学家E.海克尔将它正式作为哲学用语，并创立一元论者协会。此种理论认为世界是一个整体，世界只有一个本原，所有存在的事物可以被归结或描述为一个单一的概念或系统。唯物主义的一元论肯定世界的本原是物质，唯心主义的一元论肯定世界的本原为精神。

艰难。居于现世，面对苦苦挣扎与垂死之人，需要巨大的勇气与伟大的爱心去帮助他们。我们不能全部一走了之。远遁人世，于离群索居中寻求慰藉，只不过是软弱的一种表现。"

这真是不可思议地与我们的拉尔夫·沃尔多[1]有异曲同工之处："在熙熙攘攘的社会中，跟随世人之见非常容易；隐居一隅、悄然独处之人，跟随自己的看法亦并非难事。而伟人，却能身处拥挤的人群中，仍保持着完美的、独处般的超脱自立。"

孔子乃世上第一位宣称服务和手足之情的神圣性，以及有益的工作是不分三六九等的人。在对一群年轻人的演讲中，他说道：

"当年管理牧人时，我始终看到我所有的牛都身强力壮、茁壮成长。水备得足足的，饲料也充裕。当年管理公共粮仓时，我从不睡觉，除非我明白一切安好，不用担心天气变化。我把账目做得真实准确，就像我要远行不再回来似的。我的建议是，永远不要忽视任何事情、遗忘任何事情。永远不要无意中丢失东西，更不要说无人会知——这已经够好的啦。"

在孔子所有的训谕中，他从未讲过现世之外之事。关于未来世界，他一无所知。同时生活在两个世界中，在他看来是浪费精力、软弱无能的表现。"上天已给予我们种种途径来了解这世上什么是最好的，给我们提供了充足的东西用于现世之快乐。我们的责任，是去实现这种快乐、了解这种快乐、享受这种快乐。"

他教授修辞学、数学、经济学、管理科学以及博物学。而永远贯穿于他的教学之经纬的，是伦理道德这根丝线——人对人的责任、人对天的责

---

1 拉尔夫·沃尔多：即拉尔夫·沃尔多·爱默生。

任。音乐对他来说是必不可少的，因为"它将思想带入与上天和谐融洽之境界"。在开口讲话前，他会轻柔地弹奏乐器，或许类似于我们的吉他吧，不过它更小巧些。他随身带着这个乐器，由一根丝绦挂在肩上。虽然他对音乐倾注了满腔热情，但他警告弟子们不允许将音乐当作一种终极享受。它仅仅是在需要领会伟大真理，将头脑与心灵协调到一起时的前奏而已。

孔子去世时，享年七十二岁。他生前的声望并不是很高。他去世时，追随者不过三千之众。他的"弟子"，或曰传授他的哲理的老师们，仅七十人 [1]。

我们毫无理由去做如此推测：有一个庞大的人群，永远思索着孔子的言语，或是将他敬作先圣。

在孔子的同时代，还有老子。孔子年轻时曾拜访过老子，当时的老子已经是位老人。孔子经常引用这位伟大的同时代人的话，并自称为老子的信徒。然而，这两者之间的差别是显而易见的。老子的学说充满着玄学、古怪神秘的异品奇物。而孔子始终是简单质朴、浅显易懂、脚踏实地的。

孔子被人尊崇了二十个世纪。仅仅是被当作一个人来尊崇，而不是被当作神或是神授大救星来尊崇。他并未提供天堂的承诺，更无对不信者的地狱之恐吓。他并未宣称过对幽冥世界有何特别影响或是特别联系。他的学说，对所有的神秘或遮掩都不可思议地开放、包容、大方。对超自然，他是个不可知论者。他常常说："我不知道。"他往往是个发问者、探究者、虚心的学习者，总是愿意做个倾听者。历史上找不出第二个像他这样长久受到深深爱戴的人。他并未飘飘然，仍紧守自己的

1　相传孔子有弟子三千，贤良弟子七十二人。

位置。他就同他的学说一样，未受攻击，也无懈可击、攻不可破。即使中国的两个宗教——佛教与道教（老子的教派）——与儒学竞争，也并不否认孔子：他们只不过是对其进行修订和补充。

孔子的一生中树敌颇多，这是因为他习惯于直率地指出社会缺陷，以及那些假装爱民的官员给民众带来的不公平、不道德。他严厉地谴责虚伪造作、自私自利、虚荣自大。

当时的政治家们有着非常现代的习惯：保护好官府，把所有具体的工作留给仆役。他们自己坐享其成。作为封邑的大臣，孔子由于习惯于传唤官吏到跟前，询问他的工作情况，而为人所忌惮憎恶。事实上，坚持领取封邑的薪俸就应为封邑办事这一主张，导致他遭到联合反对。最终他被免职、放逐。这两件事给他带来了麻烦，只不过影响不大。因为前者给了他闲暇，而后者给了他周游四方的机会。

孔子的亲授弟子并不属于上层社会。然而，他一离世，很多在他生前奚落他的人，都急不可耐地宣称信仰他的学说，并在他们的房屋里四处裱挂着他的格言警句。不论白种人或是黄种人，人性总是相同的，世界依旧在转，时光对它也改变无多。历史的一幕，回到约翰·P. 奥耳特格耳德[1]的时代。当时，新闻界及神职人员对他又怕又恨，特别是在他所服务的州与城市。然而，他那纤弱而疲惫的遗体尚未完全变冷变硬，那些曾不遗余力地、最恶毒地诋毁过他的报纸，都争先恐后地用最闪亮的悼词、最热烈的歌颂，赞美他的正直、真挚、纯洁与远见卓识。一个无

1　约翰·P. 奥耳特格耳德（1847—1902）：美国政界人士，任伊利诺伊州州长（1892—1896），曾实行社会改革。

法被贿赂、收买、威吓、奉承、笼络的人，往往被大多数人——特别是当权的一方——当作危险人物。而当正直之人已躺在草皮下面，那些道德败坏、腐化堕落、道貌岸然之徒，便会大松一口气。

这些平实朴素、简单明了的孔子学说，收录在多部孔学经典中，囊括了这位伟大先贤的言行，在他死后由他的弟子与信徒收集整理而成。摘选如下：

> 古人说话很少。最好模仿古人，因为那些说话太多之人，肯定是要说一些不说为妙的话。[1]

> 让人的劳作与他的需要相匹配。因为若超出他的力量之外的话，会增加他的焦虑与失望。人在付出劳动时，也应温和中庸。[2]

> 不要太想得到悠闲与休息。因为若如此，将两者都得不到。[3]

> 对那些你早晚会后悔的事情，做的时候要十分谨慎。[4]

> 不要忽视修改过错，即使这个过错看起来很小。因为，虽然最初它很小，却可能会继续扩大，直到将你压倒。[5]

> 财富可以修饰房屋，思想高尚就会寻求身体的安宁舒适。因此，将自己的动机建立在正确的原则之上的人，为君子。[6]

1　原文为：古者言之不出，耻躬之不逮也。（《论语·里仁篇》）
2　原文疑为：富与贵，是人之所欲也，不以其道得之，不处也。贫与贱，是人之所恶也，不以其道得之，不去也。君子去仁，恶乎成名？君子无终食之间违仁，造次必于是，颠沛必于是。（《论语·里仁篇》）
3　原文为：无欲速，无见小利。欲速则不达，见小利则大事不成。（《论语·子路篇》）
4　原文为：季文子三思而后行。（《论语·公冶长篇》）
5　原文为：小人以小善为无益而弗为也，以小恶为无伤而弗去也，故恶积而不可掩，罪大而不可解。（《易传·系辞下》）
6　原文为：富润屋，德润身，心广体胖。故君子必诚其意。（《大学》）

土地上耕作之人，也许会喜获丰收良物；而在思想上耕作之人，将享受持久的盛宴。[1]

由于人们对自己亲近相爱的人往往多有偏心，对自己鄙视厌恶的人往往多存偏见，对地位比自己高的人往往容易屈从，对比自己低下的人倨傲不恭，对贫困悲苦的人或无情或哀怜。找出能基于人的本质做出公平判断的人，非常难。[2]

不能齐家者，亦不能治国。在自己家里的限制中，君子也可以找到治国方针。子女孝顺，将规范人们对他们的君主的行为。兄弟之爱，将规范平辈、下属对上司的行为。父母的慈爱，将规范当权者对国民的姿态。[3]

讷于言而敏于行。[4]

建立了充分的原则性的人，不易被引入歧途。[5]

谨慎之人，一般走在正确的一边。[6]

应沉默时说话，那说的就是废话。[7]

若要逃避烦恼，要苛责自己、宽以待人。[8]

1　原文为：君子谋道不谋食。耕也，馁在其中矣；学也，禄在其中矣。（《论语·卫灵公篇》）

2　原文为：所谓齐其家，在修其身者。人之其所亲爱而辟焉，之其所贱恶而辟焉，之其所畏敬而辟焉，之其所哀矜而辟焉，之其所敖惰而辟焉。故好而知其恶，恶而知其美者，天下鲜矣！（《大学》）

3　原文为：所谓治国，必先齐其家者，其家不可教而能教人者，无之。故君子不出家而成教于国。孝者，所以事君也；弟者，所以事长也；慈者，所以使众也。（《大学》）

4　原文为：君子欲讷于言而敏于行。（《论语·里仁篇》）

5　原文为：君子之中庸也，君子而时中。（《中庸》）

6　原文为：君子博学于文，约之以礼，亦可以弗畔矣夫。（《论语·雍也篇》）

7　原文为：御人以口给，屡憎于人。不知其仁。（《论语·公冶长篇》）

8　原文为：躬自厚而薄责于人，则远怨矣。（《论语·卫灵公篇》）

与正直聪明之人交友，不要与放纵、夸夸其谈、爱慕虚荣之人交友。[1]

争论总会孕育仇恨。[2]

要像母亲养育初生婴儿一样培育好美德。你可能无法到达成熟的境地，但你将离此不远。[3]

天意并非一成不变。可因美德得到王位，也可能因恶行失去它。[4]

尊重五个美德：给别人以恩惠而自己却无所浪费；让人劳作而不使他们怨恨；要追求仁德而不贪图财利；庄重而不傲慢；威严而不凶猛。[5]

不要寻求爱、索要爱，它会流向我们。[6]

美德只能基于端正自己的思想。因为，如果心有愤怒，便会躁动不安；如果心怀恐惧，便激昂不安；如果心有逸乐，便会动摇不定。这样，品德便不能完满。一个人必须心思沉静，否则他会视而不见，听而不闻。[7]

当教给他一个方形的一角，他却不能由此而推知其他的三个角，那就不值得继续教他了。[8]

---

1 原文为：里仁为美，择不处仁，焉得知？（《论语·里仁篇》）
2 原文为：御人以口给，屡憎于人。不知其仁。（《论语·公冶长篇》）
3 原文为：《康诰》曰："如保赤子。"心诚求之，虽不中，不远矣。（《大学》）
4 原文为：《康诰》曰："惟命不于常。"道善则得之，不善则失之矣。（《大学》）
5 原文为：子曰："尊五美，屏四恶，斯可以从政矣。"子张曰："何谓五美？"子曰："君子惠而不费，劳而不怨，欲而不贪，泰而不骄，威而不猛。"（《论语·尧曰篇》）
6 原文为：仁远乎哉？我欲仁，斯仁至矣。（《论语·述而篇》）
7 原文为：所谓修身在正其心者：身有所忿懥，则不得其正；有所恐惧，则不得其正；有所好乐，则不得其正；有所忧患，则不得其正。心不在焉，视而不见，听而不闻。（《大学》）
8 原文为：举一隅不以三隅反，则不复也。（《论语·述而篇》）

摩西

摩西

　　摩西（Moses），是约前 13 世纪的希伯来人的领袖、先知和立法者，也是《圣经·旧约》前五卷的执笔者。他带领在埃及过着奴隶生活的以色列人，前往"上帝"所应许的"流着奶和蜜之地"——迦南地。据说上帝写下《十诫》，借着摩西之手传给以色列子民让其遵守。摩西还建造会幕，教导人们敬拜真神。摩西可以说是集多种身份于一身，包括先知、祭司、颁布律法者、审判者、代求者、牧人、行神迹者，以及民族的创立者等。他将一群奴隶，在一种难以想象的困境之下，塑造成一个民族，这一民族影响和改变了整个人类历史的进程。

神对摩西说："我是自有永有的。"又说："你要对以色列人这样说：'那自有的打发我到你们这里来。'"神还对摩西说："你要对以色列人这样说：'耶和华，你们祖宗的神，就是亚伯拉罕[1]的神，以撒[2]的神，雅各[3]的神，打发我到你们这里来。'耶和华是我的名，直到永远；这也是我的纪念，直到万代。"

——《出埃及记三：14，15》

---

1 亚伯拉罕：《圣经·旧约》中，希伯来人的第一个族长和先祖。

2 以撒：《圣经·旧约》中的人物，亚伯拉罕之子，被作为祭品献给上帝。在祭献的最后一刻，因神意的干预而被阻止。

3 雅各：在《圣经·旧约》中是以撒之子，亚伯拉罕之孙。他的12个孩子后来成为以色列12个支派的祖先。《圣经·旧约》中亦被称为"以色列"。"以色列"亦可指雅各的后代。

摩 西
MOSES

　　据我所知，摩西是世上第一位伟大的教育家，现在仍是世上最伟大的教育家之一。至今，大约有七百万人依然把他的律法用于日常生活指引。超过两百万人仍然在诵读着他的书，并奉为圣典。这些人已形成一个阶层，于是成为当今及过去众人中最顶尖、开明的一群之一。

　　摩西并未谈论过关于此生之后的来生——他不曾提及过永生——他所提到的回报与惩戒都是针对现世的。或许有给好人留的天堂、给坏人留的地狱，但他对此一无所知。

　　摩西律法均为此世、此地而设。虽已时隔三千年之久，其中许多内容，在当今仍是真实、正确的。摩西对生理学、保健学、环境卫生学均有较高造诣。他深知清洁、有序、和谐、勤勉与优良习惯的优越之处。他还擅长心理学，或曰精神的科学：他知晓会影响人类的事物、平凡智力的限制、行得通与行不通的治理之道。

　　他脚踏实地、实事求是；他见机行事、机智应变。他对要处理的问题深思熟虑，努力做力所能及的事情，并教他的子民愿意相信、能够相信之事。《创世记》一书写得通俗易懂，即便是孩童阅读也全无困难。

　　摩西所面临的困难，是切实可行的政纲，而非哲学上的问题，或是绝对真理、终极真理的问题。他制定的律法，是他给予子民的指导，他的戒律都是他们能消化接受的。

我们很容易就会以为，摩西的作品就是它们到我们手里的样子。这些作品，被那些使其流传三千三百年之久的民族，用无知、愚昧与迷信，反复对它们进行翻译、再译、涂彩、上色，还列出了原作者摩西的错漏之处。摩西，这位记载了梦想、希望与猜测的作者，拥有我们深深的爱戴与敬意，而这些记载与严肃的常识紧密相连。就让这些"错漏之处"，长留在那些人的脑海中吧。他们罔顾数世纪知识的积累，固执己见地认为形诸文字的东西，便永远合理。在摩西之后的数百年中，没有哪位教师在独创性与洞察力方面，能与他相提并论。

摩西生活在前 1400 年前后的时代。

在他之后，梭伦[1]创造出一整套完善的行为法典，但比他晚七百年。此后不久即有琐罗亚斯德[2]，接着是孔子、佛陀[3]、老子、伯里克利、苏格拉底、柏拉图[4]、亚里士多德[5]——他们或是同时代人，或是年代相近，轮流登场。他们的哲理学说相互交织、纵横交错。

1　梭伦（约前 638—约前 559）：古希腊时期雅典的政治家、立法者、诗人，古希腊七贤之一。出身没落贵族，年轻时一边经商，一边游历。前 594 年出任雅典城邦的执政官，制定法律，进行改革，史称"梭伦改革"。

2　琐罗亚斯德（约前 628—约前 551）：别名查拉图士特拉，波斯先知，琐罗亚斯德教创始人。该教亦称祆教、拜火教，是现存最古老的宗教之一。

3　佛陀：佛教创始人，俗姓乔答摩，名悉达多。佛陀简称为佛，其意为"觉悟者"，佛陀是对释迦牟尼的尊称。

4　柏拉图（前 427—前 347）：古希腊数学家、哲学家、教育家。具体事迹参见本书《柏拉图》一章的内容。

5　亚里士多德（前 384—前 322）：古希腊哲学家、科学家。师从柏拉图，曾任亚历山大大帝的老师，并建立吕克昂学园以与柏拉图的学园分庭抗礼。

然而，摩西是最惹人注目的那位。对自然历史的了解，他并不如一千年后的亚里士多德。但这一点对他的声望而言无伤大雅，强调这一事实反倒有些离题千里、风马牛不相及。

在这一切的背后，有个无可争辩的事实是：摩西领导着一群奴隶，挣脱了枷锁与束缚。他的思想与人格深深地打动了他们，激励他们含辛茹苦、紧咬牙关，成就了一个杰出的、与众不同的民族，时至今日，仍让人感叹不已。他创造了一个民族。从编年史的角度来说，他是文明世界的第一位创始人。

摩西是斗士，是外交家、领头羊、作家、带路人、先知以及石匠。此外，他还是一名农夫，一名劳工，一名年已不惑，为谋生计，仍在照料着羊群、牛群的人。草原户外活动的每一阶段，他都了然于胸。他的伟大之处，揭示了这一事实：他的筹划与志向，远远超出他所取得的成就，导致他最终认为自己已失败。欢欣鼓舞的成功，似乎往往与低廉肤浅、轻而易举、转瞬即逝为伍。所有伟大的教育者们，以他们自己的想法去评判，都是失败者——他们能看到的，总是比自己能走到的目标更深、更远。

所有古代编年表，不外乎能归为三部分：神话、传奇、可能发生或自然发生之事。

在对历史的理解方面，心理学与语言学同样重要。

对有点瑕疵的东西拒不接受，其恶劣程度，可与过于轻信地照单全收相匹敌。

毫无必要去完全舍弃神话或传奇。但是，把神话煞有介事地当成事实来讲，或是把传奇当作字字珠玑、如假包换，这显然并非明智之举。

故事也许是寓意上正确，而字面上错误。能够将这两者相互辨别，重视并妥善安置它们，这便是智慧的标志。

假如，我们被一个明智、理性、聪颖、公正的陪审团质询，要求对摩西进行描绘，并指出他为什么会值得人类的缅怀。那我们就得省略其神话部分，仔细斟酌出传统部分，论据都建立于公正无私、合情合理、适度地远离纷争的历史记载之上。

在英格索尔 [1] 上校做了他那著名的题为《摩西的一些错误》的演讲之后，一次，一个地方性俱乐部款待他。就像在惯常的非正式的、自付费用的"荷兰式"聚会上，一个年轻的律师，大胆地对这位伟大的演讲家说："英格索尔上校，您是一名自由的热爱者——因了您，自由这一词都已赫然放大。所有的伟人都热爱自由。除非他是为了使人们得到自由，否则他不可能流芳百世，受人爱戴尊崇。摩西是一位热爱自由的人。如今，您对摩西，这位从某些方面来说，与您从事相同事业的人，为什么不更宽厚大方一点，给他应有的解放者与立法者的名誉，却去强调他的错漏之处，而罔顾他的整体价值？"

英格索尔上校认真地聆听——为这个问题的公正性所打动。他听后停顿了一下，回答道："年轻人，你问了一个非常理性的问题。你建议中的所有有关摩西的伟大之处，已是广为人们接受，尽管他也有些错误。你逻辑中的问题在于，你并不了解我在此问题中的立场。你似乎忘记了，我并不是摩西的辩护律师。有超过两百万的人在照看着他的权益。我所处的位置，正好与此相反！"

1　英格索尔（1833—1899）：美国法学家、雄辩家、讲演家、律师，不可知论的倡导者。

就像英格尔索尔上校一样，我并不是摩西的辩护律师。不过，我希望能对此君做出一个不偏不倚、明确清晰、公平慎重的评论。我将试着去给人们一个简要概括，既不控诉，也不辩护。我试图只描画出他原本存在的样子，而不去故意弱化、贬低任何事情。就像最早的州检察官的职责，不是控诉，而是保护身陷囹圄之人。因此，我将努力将摩西最好的一面拿出来，而不是将他的错误高高举起，在发现他的每个错漏之处时发出一阵欢呼。谦逊往往是狂妄自大的反面，它会说："噢，摩西如今已不需要任何辩护了！"然而，摩西，如同其他所有伟人一样，深受朋友之累。他已得天赐力量，那种从未为人类所拥有的力量。

　　摩西生活在三千三百年前。某种程度上来讲，三千三百年是一个非常长的时间。这一切很明显——孩子们会认为一个年届五十的人，已经"老得可怕了"。我见过几位活到一百岁的人，他们并不认为一个世纪有多长。他们当中的一位对我说："三十五岁根本就不算什么啦，一切都还早得很。"

　　从地质学的角度来说，三千三百年前只相当于生活中的一个小时之前。这段时间无法带我们回到石器时代，那时，在如今的内布拉斯加[1]地带，人类还在猎捕猛犸；也无法带我们到北极去一瞥热带动植物，看看那里的欣欣向荣。

　　摩西时代时，埃及文明已存在三千年之久。埃及正处在她的衰老的第一阶段，开始走下坡路。这是因为，她最杰出的人士，已经定居在城里。这使得这一循环周期结束，并意味着衰败的到来。她已经历过了原

1　内布拉斯加：美国中西部的一个州。

始野蛮、游牧与农业的时期，正以不劳而获的增值为生，其中就有以色列人的劳动。摩西注视着建于他出生之前一千多年的金字塔，对是谁建造了它们感到迷惑不解，就像今天它对我们来说仍是个不解之谜一样。他倾听着斯芬克斯[1]的回答，然而，她像今天一样，总是默然不语。出埃及的具体日子，已被断定为大法老麦伦普塔赫[2]的统治时期或是埃及第十九王朝时期，即前1400年的某天。有一个碑铭最近被发现，似乎可以证明，约瑟[3]在麦伦普塔赫统治时期，居住在埃及。然而，如今最杰出的学者们都已回到我曾说过的结论上了。

法老时代，埃及是拥有世界最高文明的国家。它有着庞大的运河系统、颇有组织的军队、辉煌的艺术成就、非常有才干的工程师与建筑师。哲学、诗歌与伦理学，均已为人接受、褒奖并热议着。

政府储存粮食以备灾荒之需，已运作了数百年之久。建造了积货城来保护粮食免受失火、盗窃或其他因素的破坏。这些都显示出了埃及人的深谋远虑、勤俭节约、小心谨慎与聪明才智。埃及人并非未开化的野蛮人。

大约在摩西诞生前五百年，阿拉伯有位强大的酋长或族长，名叫亚伯拉罕。他有一个非常熟悉的神或引路人或保护神，叫雅巍或是耶和

---

1 斯芬克斯：希腊神话中带翼的狮身女面怪物。传说天后赫拉派斯芬克斯坐在忒拜城附近的悬崖上，拦住过往的路人，用缪斯所传授的谜语问他们，猜不中者就会被它吃掉，这个谜语是："什么动物早晨用四条腿走路，中午用两条腿走路，晚上用三条腿走路？腿最多的时候，也正是他走路最慢、体力最弱的时候。"俄狄浦斯猜中了正确答案，谜底是"人"。斯芬克斯羞愧万分，跳崖而死。世界上最大、最著名的斯芬克斯狮身人面像位于埃及开罗市西侧的吉萨区。
2 麦伦普塔赫：古埃及第十九王朝的法老，拉美西斯二世之子，前1213年到前1203年在位。
3 约瑟：《圣经·旧约》中雅各和拉结的儿子，是以色列人一支部落的先祖。

华。所有这些沙漠部族都有这样的保护神。这些保护神都是曾生活在世界上、拥有神力的人。一些非常伟大的人，往往信仰着特殊的神祇。比如：苏格拉底向他的"恶魔"寻求指引；特米斯托克利斯向他的神谕请教；美国的一位总统曾拜访一名充当超自然的媒介，对超自然做出解译的通灵巫师。这本是祖先崇拜的一个变种，如今仍大行其道。除非相信自己已得到莎士比亚、爱默生、比彻[1]或菲利普斯·布鲁克斯[2]的指令，否则很多人不会出门旅行或做出投资。这些人也相信，这世上有一些坏的精灵，我们不能听信它们。

耶和华指引着亚伯拉罕，亚伯拉罕对他言听计从。当耶和华告诉他停止或改变他的计划时，他立即听从。耶和华承诺了他许多事情，其中的一些实现了。

这些保护神或是控制精灵，是否曾在这些坚信他们的人的想象之外真实地存在过——它们是否只不过是由一架潜意识的、精神上的立体幻灯机投射到屏幕上的一些影像——这些并不是现在要讨论的问题。有些事情只能留待以后再做：特别的远见卓识，尚要依赖诚实睿智的人们得出，这个事实依然成立。

亚伯拉罕有个儿子叫以撒。以撒的儿子是雅各，即以色列，由于他与天使的成功搏斗而被称为"上帝之斗士"。雅各是十二个儿子的父亲。这些人都坚信耶和华，他们的部族之神。同时，当他们并不排斥信仰相邻部族的神祇时，便会怀疑起自己的能力，对自己的忠诚深感

---

1 比彻（1775—1863）：美国牧师，温和的加尔文派神学家和坚定的废奴主义者。
2 菲利普斯·布鲁克斯（1835—1893）：美国基督教圣公会大主教，以巧妙明确的布道著称，著有圣诞赞美诗《啊！伯利恒小镇》。

忧虑。为此，他们与其他神祇互不相关，只向自己的神祈祷，向他寻求帮助。他们是耶和华的选民，就像巴比伦人是巴力[1]的选民、迦南人是依希塔[2]的选民、莫阿布[3]人是彻姆斯的选民、亚扪人[4]是临门的选民一样。

约瑟是雅各最钟爱的儿子，他的兄弟们自然而然就嫉妒他。于是，一天，外出到草原上时，他们将他卖给一个路过的大篷车队为奴，然后回家告诉父亲，说他已经死了，是被一头野兽给弄死的。为了取信于父亲，他们拿着约瑟的一件上衣，上面涂抹着他们杀死的一头山羊的血。要放在现在，这件衣服会被送到化学实验室去，上面的血迹一检验就能检测出来是人血还是兽血。但是雅各相信了这个故事，哀切地痛悼失去的爱子。

此时，约瑟被带到埃及，在那里通过自己的智慧与努力，升至一个颇具影响力与一定权力的位置。他的兄弟们因家乡饥荒，忍饥挨饿，来到他面前讨要食物。这是所有文学作品中，最为逼真自然、美丽动人的一个故事。它是一个民间传说，与神话不同，有着真实故事的所有可以确证的痕迹。

对我们来说，因为它的自然，它是无可置辩、不能驳倒的历史。即便在现在，它都很可能在这世界的不同角落发生。它显示了人类共有的

1　巴力：即太阳神，古代闪米特人所信奉的当地的丰饶之神和自然之神，被希伯来人认为是邪神。

2　依希塔：巴比伦和亚述神话中主管爱情、生育及战争的女神。

3　莫阿布：死海东部的古王国。莫阿布人崇拜太阳神"彻姆斯"，"彻姆斯"的名称也与"火"有关。

4　亚扪人：住在约旦河以东的古闪米特族成员，在《圣经·旧约》中多次被提到。

特质，至今仍充满活力、生机勃勃。

约瑟与他的兄弟们相认后，其中几个兄弟以及邻居们都到埃及来了。这里的牧场更好，水草充足，于是他们定居下来了。《圣经》告诉我们有七十个定居者，并给出了他们的姓名。

这些移民被称作以色列人，或是以色列的后裔，他们是三百年后由于不堪奴役，被摩西带领着挣脱束缚走出埃及的人。有一件事情似乎可以肯定，他们当时是一个很特别的群体，血脉里带着沙漠民族的骄傲。他们在社会上与其他人群比较疏远，从不与埃及人混合在一起。他们仍保留着自己的神祇，坚守自己的生活方式与习俗。

《出埃及记》的第一章有着非常天真的描述，说他们有两个接生婆："一个名叫施弗拉，一个叫作普阿。"在难以理解的精确性方面，它可与瑞莫斯叔叔[1]的故事媲美。孩子们常常想知道人物的名字。埃及王统治着超过两千万的人，却亲自来贿赂这两个希伯来接生婆，要她们杀了所有希伯来的男婴。故事还说，这两位希伯来女人没有对埃及王说实话，耶和华对此非常高兴，把房子奖励给了她们。

杀死希伯来人婴孩的命令如果被执行过的话，应该是在摩西出生的时期。因为比摩西大三岁的哥哥亚伦，显然没有被杀死。

摩西的母亲是法老的女儿，他父亲是名以色列人，也有一种可能是他的父母都是以色列人，这些都还悬而未决。王室不会轻易收养一个不

1　是指由哈里斯所著的《瑞莫斯叔叔》《与瑞莫斯叔叔度过的那些夜晚》。讲述男孩约翰尼来到父母当年成长的美国南方农场，由于远离父亲，男孩闷闷不乐。一位慈祥乐观的黑人瑞莫斯叔叔讲寓言故事给他听，教他如何放宽胸怀，克服人生的逆境。1946 年，迪士尼以此题材推出电影《南方之歌》。

知名的流浪儿，并且视如己出，抚养成人，尤其是在这个流浪儿属于一个被认为是次等的民族的情况下。母性之结，是唯一能超越社会等级、压倒偏见的纽结。假如法老的女儿，或更可能的是"法老"本人，是摩西的母亲，那她应该比利未人[1]的女儿更有理由将他藏身于香蒲草中。下达杀掉这些有利可图的工人的命令，实在是值得怀疑。以色列人的力量、技术与能力，已成为埃及人的一笔宝贵财富。埃及人所想得到的，应该是更多的以色列人，而不是更少。

从只有两名接生婆来看，那里应该只有几百个以色列人——最多也就是一千到两千人。

那就让关于摩西童年的神话，仍夹杂着一些永远的有趣话题吧。我们了解到，他作为埃及人，作为法老女儿的儿子，冠着她给他取的名字，被抚养成人。

菲罗[2]与约瑟夫[3]对摩西的生活及品格做了种种侧面的记载。《米德拉西》[4]或《犹太人历史纪事》由很多人创作、增补或修订，前后持续了两千年之久。这也给它们增添了分量，即使这些纪事的价值稍加推测便知。

埃及人对摩西及以色列人的记述，通过希腊文化带给了我们。非常自然地，这些记述绝对不是褒扬性的。摩西，或叫奥萨西，他们这么称

---

1 利未人：雅各与利亚的第三子利未的后人，负责以色列人的祭祀工作，不参与分配土地，不算入以色列 12 支派之一。

2 菲罗：希腊哲学家，传世著作有拜占庭基督徒抄本。

3 约瑟夫：犹太历史学家。

4 《米德拉西》：犹太人对希伯来《圣经》的讲解布道书，编纂于 400 年到 1200 年之间，根据对《圣经》词句的评注、寓言以及犹太教法典中的传说而写成。

呼他，被描绘成一个煽风点火的家伙、一个不受欢迎的公民，他力图颠覆国家政权。失败后，与数百个亡命之徒逃往沙漠。面对派去追捕的军队，他们成功逃脱，并逐渐与其他流亡者会集到一起，通过摩西出色的组织能力而形成了一个强大的部落。

摩西是他们至高无上的统治者。为了更好地控制他的人民，他发明了一套宗教仪式，并把他的神——耶和华，加诸他们，还要求他们不得信仰任何别的神祇。这样，毫不困难地就将他们联为一个宗教整体，这一点无可争辩。不论起义的起因是什么，或是谁应对此负责，无可争辩的事实是，摩西在埃及领导了一次起义。被他带领出走的人，形成了希伯来民族的最核心部分。更进一步讲，摩西的个人品格是创造这一民族的首要黏合剂，这一事实同样无可置辩。此君的力量、镇定、耐心与毫不动摇的自立自强，通过他对耶和华神的忠诚而显现，这些都不容置疑。事情依照他的安排而发生。

以色列人在埃及的地位，属于自愿为奴隶的一种。政府是封建帝制。以色列人是自愿来到埃及的，然而他们从未享有过完全的公民权利。毫无疑问，埃及人的排斥，容易使以色列的后裔们保持自己的宗教信仰。另一方面，以色列人骄傲而排外的天性，容易将他们排除在拥有完全身份的、这片土地的真正主人之外。

埃及人从未像买卖战争奴隶那样将他们进行交易，而是非常满意于役使他们做文书、工人和仆佣，付给他们一定薪水，同时要求额外的劳动以冲抵税赋。换句话说，他们靠干活缴纳"路税"，而这无疑是比较过分的。多年以后，雅典和罗马也有类似的"奴隶"，他们中的某些人非常聪明且品德高尚。如果有人读到现代经济寓言的作品，将会发现，美国的受薪工人往往指的是"奴隶"或是"男奴"，这种用词很可能会给未来的历史学家们造成极大的困惑。

摩西在国王的宫廷中长大，熟习了埃及的所有学问。我们不由猜测到，他看起来也像埃及人，因为据说人们第一次见到他时，他完全是个陌生人。他们走开的时候将他称为"那个埃及人"。他英俊威严、沉默寡言，是位坚定有力的顾问，一个安全可靠的男子汉。在埃及政府事务的管理中，他具有举足轻重的作用。虽然他名义上是个埃及人，与埃及人住在一起，遵循着他们的礼仪习惯，然而，他的心与他的"同胞们"，那些以色列人在一起。看着受政府的剥削压迫，他的心因而充满着痛苦与悲伤。

摩西深知，一个不以增进人类福祉为己任的政府，是无法存续的。一次，当他深入到自己的人民中时，他见到一个埃及监工或是工头，正在殴打一个以色列工人。出于愤怒，他挺身而出，将这个压迫者杀死。这一事件仅有的两位目击者是希伯来人。这次搏斗后的次日，当摩西去劝解两个正在吵架的希伯来人时，他们嘲笑他道："谁立你做我们的首领和审判官呢？难道你要杀我，像昨天杀那个埃及人一样吗？"

这让我们有幸一瞥摩西要面对的这些人的素质与性格。这也告诉人们，改革者与调解人的路上，并非鲜花遍地、繁花似锦。这位改革家最难对付的敌人，并不是那些埃及人——他还得对付这些以色列人。

我曾听史上最成功的劳工组织——"劳动骑士"的组织者，特伦斯·文森特·鲍德利[1]说："所有将自己的一生致力于帮助劳动人民的

1　特伦斯·文森特·鲍德利（1849—1924）：爱尔兰佃农之子，后成为美国劳工领袖，是秘密组织"劳动骑士"的领导者，主张阶级合作政策，否定罢工。

人，将被毁于他们之手。"他还补充道，"然而，这不应阻止我们继续努力，造福人民。"

希伯来人的记载，清晰地描述了对所有希伯来男婴的谋杀，是由心照不宣的希伯来接生婆执行的，她们假装在伺候那些产妇。同样，是希伯来人使得摩西被迫逃离埃及。他们变成了告密者，让他在法老面前颜面尽失，使法老一怒之下，四处寻找他，要杀了他。

非常自然地，埃及人拒绝承认，一直拒绝承认，那道谋杀婴孩的命令是由法老发出的。他们同时还指出这一事实，即以色列人对埃及人而言，是一笔赚钱的资产。再者，埃及人杀害婴孩来规避麻烦的这一说法，是非常荒谬可笑的，因为，人类做出的行动，不可能有什么比屠杀婴孩这样的行动，更能激起暴动，煽起仇恨余烬的火焰。假如埃及人真是试图去做这种令人发指的恶行的话，那他们要与之搏斗的不只是以色列男人，还有那些愤怒至极的母亲。埃及人不可能愚蠢到去挑起母性的深入骨髓的恨与失心狂似的暴怒。如果这一计谋确已实施，那整个希伯来人的工作效率肯定也会受到强烈影响。一群愤怒而心碎的人，是不可能好好工作的。

摩西在杀死那个埃及人后开始了逃亡，他朝北、朝东走，来到了米甸人的地方，他们也是亚伯拉罕的后裔。此时，他已年届四十，尚未成婚。显然，他在埃及宫廷的工作完全占用了他的时间。

这是一个小小的罗曼史，所有的细节都非常简单——这位疲惫不堪的男人，停下来站在一口井边，而叶忒罗的七个女儿到井边来给羊群打水。接着来了一帮牧羊人，他们把姑娘们从水边给赶走了。此时，摩西真实的本性流露，他站到了姑娘们这一边，这使得乡下小伙子们既懊恼又尴尬，因为他们的礼貌都丢在家里了。这一故事形成了一个戏剧性的舞台背景，演员们动作并不迟缓：七个女儿是芭蕾舞演员，牧羊人是男声合唱团，而摩西是男低音兼英雄人物。姑娘们回家了，并告诉她们的父亲，她们遇到了一位具有侠士风度的陌生人。而父亲，带着沙漠人的全部敬意，打发人去请他来，"他也许可以吃点儿面包"。

自然而然地，摩西娶了姑娘中的一位。

摩西照看着他岳父叶忒罗的羊群，把它们带到很远的地方去，与它们住在一起，并睡在野外和满天繁星之下。

此时叶忒罗已是其部族的酋长了。摩西称他为"祭司"，然而他只是顺带的祭司，像所有的阿拉伯酋长一样。

神职人员起源于埃及。在以色列人到达歌珊地[1]之前，"圣器"，或称为神圣的器具，是属于每个家庭的。部落的酋长主持宗教仪式，告慰家族的神灵，或是委派另外一人办此事。部落的首领，或曰酋长，被称为"柯恩"。那个协助他的人，或是他委派的人，被称作"利未"。成为"利未"这一行当的方式，借鉴于埃及人。埃及人单独派专人处理神秘事务。摩西自称是一名利未，或利未人。

在忙碌奔波的生活之后，摩西无法定居下来过牧羊人那种单调乏味的生活。很有可能，他是此时写成《约伯记》的，它是世上第一部戏剧，也是《圣经》中最古老的一部。摩西踌躇满志、胸怀大志。非常自然地，他向以色列人的神灵祈祷，神也认真倾听他的祷告，与他交谈。

---

1 歌珊地：《圣经》中记载的出埃及前，以色列人所居住的埃及北部的肥沃牧羊地。常被喻作丰饶乐土。

寂静、孤独、大山的庄严、伸展无垠的闪烁的沙子、宁静的漫漫长夜，这一切都极易引向幻想之旅。牧羊人常处于精神迷乱的危险之中。群居与离群索居同样被人所需要。

经过与上帝的交谈，摩西渴望见到他。一天，通过金合欢树上燃烧的红焰，上帝召唤着他：

　　"摩西！摩西！"
　　摩西答道："我在这里！"

摩西天生是个统治者——他是人们的领袖——已届人生之中年，二十五年的习惯突然中断，他的职业也已失去。他惦记着他的人民，心系他们的疾苦，他的愿望便是带领他们走出困境、挣脱束缚。他了解埃及政权对以色列人的暴政。拉美西斯二世是一个有着建筑癖好的统治者：总是在没完没了地建造花园、挖掘运河、铺筑道路、建设标准住宅、筹建宫殿、树立雕像。他是个劳动者，也逼着每个人不停地劳作。摩西就是忙碌于这类纷繁庞杂的事务管理中的。当他满怀热情投入工作时，他知道这种忙忙碌碌的习惯将会走向极端，使它的追随者成为它的受害者——还不仅限于此，这种艰辛的生活，将会把自由人转变成农奴，将农奴变成完全的奴隶。

现在，拉美西斯已死。骄傲自大、虚荣自负、狂躁易怒、自私自利的麦伦普塔上台。以色列人的日子比以前更难挨了！

摩西对此思考得越多，就越坚定了他要重返埃及，引领他的人民走出桎梏的决心。他已被逐出埃及，这令他忧心如焚。他已失去在埃及宫廷的位置，他将夺回它，并要争得比以往更好的环境！他倾听到了"声音"！所有伟人都能听到召唤他们的"声音"。侧耳倾听内心深处的声音，只不过就是做你真正想做的事。

"摩西！摩西！"

摩西答道："主啊，我在这里。"

摩西戒律依然影响着世界，不仅仅是正统的犹太人逐字逐句地遵循着它。我们都带着自己的意图来看待摩西戒律，对那些于我们不合的戒律，我们就轻轻一略而过。实际上，大多数国家的民法，都禁止摩西提倡做的事。比如，《出埃及记》的第二十二章第十八节说："汝不可容一巫婆存活。"无论如何，在这世界上的任何一个地方，都没有犹太律师或拉比[1]，会主张去杀死一些被认为是巫婆的人。我们解释这一例子，指出这位启示作者的错误之处，只会显得我们忽略了他所处的时代。否则，我们便退守到这一无可争的事实：各种各样的作者与译者都已篡改了最原始的章节——必然是这样，因为摩西所著的书记载了他自己的死亡。

当我们在摩西的章节中，找到要求我们善待敌人的词语时，我们得老实说，这是第一次向我们描述人类兄弟友爱之情的文字。

"汝不可收受贿赂，因为贿赂会叫明眼人变瞎，又能颠倒正义的话语。"此处，我们可得到 20 世纪的智慧。许多章节的内容都非常好、

1　拉比：犹太教内负责执行教规、教律和主持宗教仪式的人。

非常真，这向我们证明，可以无可挑剔地说，摩西正是他所处的时代的一部分。对任何在世或已故之人，加以此评论，那可是非常高的褒奖。

在怀疑时代，犹太人民转向《托拉》[1]或是律法书上寻求答案。此书由拉比们或是饱学之士们进行阐释。为了迎合现实生活中种种情况下的紧急需要，该书的本意被修改、扩大、延伸。这些改变，并未咨询人民的看法。自然而然地，这都是秘密进行的，因为受启示之人，在大部分人接受他们的法令之前，一定早已去世。仍旧在世，往往或多或少是种冒犯，特别是当你仅仅是个普通人，而不是名人显要时。

在摩西的一生中，反对他的交头接耳的低语，往往迸发并蔓延为吵闹与怒吼。暴民们指责他将他们带往荒野，步入毁灭。为了远离这些目光短浅之人持续不断的争吵与批评，摩西经常独自一人走上大山，以寻求宁静，在那里与他的神交流。无疑地，这是一个伟大的进步：将所有的神联合成一个至高无上的神，它无处不在，主宰着全世界。不是数十个小神一起，相互嫉妒、吵吵闹闹、焦虑不安、狂躁易怒、大惊小怪、大吹大擂，将手杖变成毒蛇或是做些其他无用之事，而是代之以唯一的、至高无上的上帝，一个平心静气的爱与正义之神。"在他并没有改变，也没有转动的影儿"[2]这种渐进式地将神性的概念给尊崇化，揭示了人把自己的本性给尊崇化的倾向。

直至不久前，上帝还有一个魔鬼作为对手；但如今，魔鬼已仅仅是一个打趣的对象而已。摩西时代之前，西奈山的神还只是希伯来人的

1　《托拉》：《希伯来圣经》，包括希伯来经典的一大部分书籍，用于举行宗教仪式时向人们布道。
2　摘自《圣经·雅各书·第一章·第十七节》："各样美善的恩赐和各样全备的赏赐都是从上头来的，从众光之父那里降下来的，在他并没有改变，也没有转动的影儿。"

神，这得归因于上帝的暴力、愤怒、嫉妒，所有这些构成了一个野蛮首领的品质，还包括了上帝的子仆们欲与大地之女交媾的倾向。

非常可能的是，有关上帝——这可不是个寻常的神——是在摩西的头脑中，渐渐产生并逐渐成熟起来的。理想在成长，摩西也与理想同时成长。接着，上帝从"一个神灵"成为"唯一的神灵"，是一个非常自然、轻松而美好的演变过程。

关于天使、魔鬼、天堂信使，如加百列、圣灵等，一直围绕着王座的想法，是一种源于对绝对王权的宫廷的设想。三位一体是寡头统治的提炼，而为了触怒君王的人们，将自己的一个儿子献祭出来，是对无知之夜的一种静修与反思，所有民族都在通过人类的牺牲，来努力抚平他们的神祇的愤怒。

上帝对我们来说是神灵，在揭示出来的大自然中随处可见。我们是大自然的一部分——我们，同样地，也是神灵。当摩西命令他的人民必须返还敌人迷途的动物，物归原主时，我们看到的是一个伟人，他努力造福于人类，使他们认识到神灵的法则。我们全都是一个大家庭——我们不能冤枉或是伤害别人，即使他是敌人。

如今我们有了一些州或邦的强大联合，或称之为国家，取代了数以千计的纷争不断的家庭或部族。如果一旦有某个国家对另一个国家开战，它将迅速面对一个更强大的敌人。全世界只有一个政权的想法，业已成形——这世上必须有一个至高无上的主宰，所有这些因战争而生的庞大的金钱、血与肉、悸动的心的付出，都一去不复返，正如我们遗弃的那些挤挤挨挨、嫉妒成性的诸多神祇一样。同样，这个世界更美好的情感，将是把独裁者、皇帝、国王、大公，以及那些贪婪的、标榜民主的渎职者们，连同那些遮蔽了天日的神职的幽灵们，统统都送到遗忘之垃圾堆上。神祇们都灰飞烟灭，而人类，在此永存。

这些降临到埃及人头上的灾难是他们应得的自然灾害：干旱、洪水、蝇灾、虱灾、蛙灾，以及疾病。[1]以色列人很自然地将这些灾难，归因于以色列之神的惩示。我还记得儿时的一个农夫，被邻居们看作异教徒。有一天，当他站在自家门口时，被闪电击中，并很快死去。在此之前的星期天，这个人在地里干活，在死前不久说了"该死的"，或是类似的不吉利的话。我们的牧师详细地讲解了这件事情，说这个人的死，是上帝的"审判"。而这之后，当我们的教堂被闪电击中时，它又被当作一个意外事故。

愚昧迷信的人们，往往把特殊事情归结于特别的原因。1885年，当蝗虫肆虐于堪萨斯时，我听到一个南方来的人说，这是对堪萨斯支持鼓动老约翰·布朗[2]的报应。次年，南方棉花地里的象鼻虫[3]肆虐，北方有些牧师认为已知天意，宣称这是上帝对南方蓄奴的挥之不去的愤怒表现。

有三个种族组成了我们现在的社会文明。它们是：希腊人、罗马

---

1 指《圣经》的《出埃及记》中的事件。上帝晓谕摩西带领以色列人出埃及，而埃及法老百般刁难。于是上帝显神迹于埃及，先后让埃及遭受各种灾害。最终法老同意让他们出埃及。

2 老约翰·布朗（1800—1859）：美国废奴主义者。为解放南方奴隶，1859年与21名跟随者在哈珀斯渡口占领了美国军火库，行动失败后，被判处绞刑。1854年，在南方种植园奴隶主的操控下，国会通过了《堪萨斯－内布拉斯加法案》，用武力在堪萨斯和内布拉斯加推行黑人奴隶制。堪萨斯当时成为两种制度斗争的焦点。

3 象鼻虫：又称棉铃象甲虫。墨西哥及美国南部一种长鼻的灰色小甲虫（墨西哥棉铃象），成虫在棉铃上钻孔和孵化幼虫，破坏棉球。

人与犹太人。珀耳修斯[1]、罗慕路斯[2]和摩西的人生，都充满了非凡的奇迹。但如果我们接受他们其中一个的超自然，那我们就必须三者都接受。这三个伟大民族中究竟哪一个对我们的幸福安康贡献最大，仁者见仁，智者见智。但就目前而言，希腊之星冉冉升起，青云直上。我们依靠艺术，得到精神慰藉与欢乐。希腊代表着艺术，罗马代表着征服，犹太代表着宗教。

摩西还是个美的爱好者。他对人民的管理，通过训练他们去工作而进行，也通过道德教育进行，两者一样重要。事实上，他的道德是权宜之计——根据现代科学，这理由已够充分了。当他要求他们工作时，他说："这是上帝的旨意。"和他希望加诸他们某一想法时一样。在阅读到《出埃及记》第二十六、二十七和二十八章时，每个人都对此印象深刻：写下这些篇章之人，有着工匠之王——御用工匠之灵魂。他将十诫刻在石碑上，显示出了他使用大槌与凿子的技巧。这是他在埃及时取得的才能，在那里，拉美西斯二世有着数千个这样的工匠从事雕刻，并将铭文刻在石上。

《出埃及记》中有几章，有可能是由阿尔布雷希特·丢勒[3]或威廉·莫里斯[4]执笔的。"汝勿为己雕制任何偶像"的戒律，显然只是为了

1　珀耳修斯：希腊神话中达那厄和宙斯的儿子、安德洛墨达的丈夫，他杀死了蛇发女美杜莎。

2　罗慕路斯：罗马神话中战神玛尔斯的儿子、罗马建立者，他和孪生兄弟雷慕斯由狼抚养和哺育。

3　阿尔布雷希特·丢勒（1471—1528）：德国画家与雕刻家，将意大利文艺复兴的古典精神融入北欧艺术。

4　威廉·莫里斯（1834—1896）：英国诗人、画家、工艺美术家和社会改革家，著有史诗《乌有乡消息》（1876）。

纠正一个当地的恶行：这种崇拜偶像，并不是崇拜它所代表的内涵的倾向。未参与创造一件东西的人，很容易会成为这种错误的牺牲品。从摩西所展现出来的所有过人的机智，可以公平地推断出，他的本意并非让这些戒律成为永恒。因为多次的迁徙之后，犹太人似乎失去了这种艺术思想。

当然，犹太人心中的艺术之火从未熄灭，即使有些时候只是默默地酝酿、郁积着。当犹太人拥有和平与安全时，他们在创造才能方面就从未落后过。历史上有相当多杰出的犹太人，他们在音乐、绘画、诗歌与雕塑方面，对美的贡献良多。在美国参加手工训练与艺术学院的犹太儿童中，天才的萌芽随处可见。

艺术在崇高感中得到升华。它有时是宗教激情的一种满足。在工作面前止步不前，停滞于祈祷与沉思的宗教，是发展停顿的一种形式。

出埃及的人数很可能是两三千人。勒南[1]说，在约瑟进入埃及到起义之间，时间也仅一个世纪。非常肯定的是，进入沙漠的人数并不多。不可能有五十万的妇女去向她们的邻居借珠宝——这一秘密不可能被守住。在摩西与国王的谈判中，为人们所知的是，摩西只要求出去三天，到荒野里去献祭。这有点类似于外出野餐或是宗教营会。数量庞大的人群是不可能参与这一类的行动。另外，我们听到，他们因为到达了以琳[2]而唱起了感恩的歌，那里有"十二股水泉，七十棵棕榈树"。假如像我们被告知的那样，当时有数百万人，那无足轻重的七十棵树的荫翳，

---

1 勒南（1823—1892）：法国文献学家、哲学家、历史学家。著有《基督教起源史》。

2 以琳：《圣经·出埃及记》中摩西引领以色列人出埃及的途经之地。据记载，以琳有十二股水泉和七十棵棕榈树，长途跋涉后的以色列人在那里安营、休憩。

对他们而言根本就算不上什么。

从埃及的歌珊地，到巴勒斯坦的迦南地，距离大约一百七十五英里。但他们迂回曲折的旅行路线，将近有上千英里。路上花费了四十年，因为途中不得不与途经的敌国战斗，敌人自然而然地会极力阻止他们经过。迅速的交通是根本不可能实现的。速度大约是每年走二十五英里。

这群无家可归、居无定所的人，时刻被沙漠里的自然危险所包围，同时还得面对他们经过的土地上的居民的暴怒。充满恐惧、思想迷信，无时无刻忍受饥饿、危险与猜疑的威胁。夜晚，有人打前锋，举着柱子上的灯带路；白天，马队卷起一团团灰尘。事后，前者被诗人歌颂为火柱，后者为云柱。偶然地，一群鹌鹑被狂风刮到人群中，此事被认为是神迹的展示。吗哪树[1]上流出的白色的蜡质，被称作"面包"——或更是精神上的食粮。

最初参加出埃及的人，基本上都已离世——他们的孩子与孙辈幸存下来，在沙漠中出生，在苦难中成长。迦南地并不像先前描画的那样，是流着奶与蜜之地。奶与蜜是在土地上劳动之后的成果。摩西明白这一点，并极力传播这一伟大的真理。他对神授信念是真诚的。经历过怀疑猜忌、艰难险阻、贫困交加与重重误解，他仍将理想高高举起——他们是在朝一个更美好的地方行进。

最后，持续不断的奋斗使得他精疲力竭，时年一百二十岁高龄的

---

1 吗哪树：《圣经·旧约》中记载的奇迹般出现的食物，提供给从埃及逃出，在沙漠中流浪的以色列人充饥。

他，"他的双眼仍未昏花，他的力量仍未衰退"——只有这些活得长的人，才能活得好——摩西像往常那样，登上大山，在孤独中寻求安宁。他的子民徒劳地等待着他——他一去不复返。独自一人在那里陪侍着他的上帝。他永远地睡去，并忘记醒来。他的人生历程已经走完。直至今日，无人知晓他的坟墓。

历史很少现场记录——无疑，那时也没有现场记录。数世纪以来，事实与真相、世代相传的习俗与传统、诗歌、神话、传说，都融合成为我们称之为《圣经》的形式。但是，在重重迷雾与遥远的往昔之中，浮现出一位英雄人物的身影——此君心怀期冀、不知疲倦、繁忙劳碌、踌躇满志、深沉热爱，步履蹒跚、踉踉跄跄，却仍坚贞不渝。可以说，摩西是史上第一个为了人类的权利，为了寻求解放人民，甚至为了帮助他们挣脱自身的限制而努力奋斗的人。

毕达哥拉斯

毕达哥拉斯

PYTHAGORAS

毕达哥拉斯（Pythagoras，约前 580—约前 500），古希腊哲学家、数学家、天文学家。毕达哥拉斯早年曾向费雷西底和爱奥尼亚学派的安约西曼德学习，并游历埃及、巴比伦等地学习天文、数学知识。后定居克罗顿（Crotona），建立了一个宗教、政治、学术合一的团体——毕达哥拉斯学派，这是古希腊继伊奥尼亚学派后的第二个重要学派。这个团体后来在政治斗争中遭到破坏，他逃到塔兰托，后被杀害。毕达哥拉斯曾用数学研究乐律，由此所产生的"和谐"的概念对以后的古希腊哲学家有重大影响。毕达哥拉斯还是西方第一个发现勾股定理（西方称"毕达哥拉斯定理"）的人。

临行而思，临行而问，则不做蠢事。不思而言，不思而行，则自找苦吃。勿做日后折磨自己之事，勿做日后追悔莫及之事。

——毕达哥拉斯

毕达哥拉斯
PYTHAGORAS

　　我并不想搞得博克先生[1]没饭吃，只是想请大家注意毕达哥拉斯，此君生活在前6世纪。

　　在那个年代，世界已经开始变老。建于四千多年前的孟斐斯[2]彼时已开始沦为废墟；特洛伊[3]深深埋在尘埃中，直至一位德国出生的美国公民为其拂去尘土，使它重见天日；尼尼微[4]和巴比伦[5]奄奄一息，面临辉煌过后紧跟而来的死亡命运；帝国之星，正准备向西缓缓而行。

　　毕达哥拉斯引领着希腊的黄金时代。其后的所有伟大作家都引用他

1　博克（1863—1930）：荷兰裔美国记者和编辑。因担任《妇女家庭杂志》主编，力主和平及社会改革而闻名。

2　孟斐斯：古埃及城市。位于今尼罗河三角洲南部，上下埃及交界的米特·拉辛纳村。

3　特洛伊：古希腊殖民城市。前16世纪前后建立。前12世纪初，迈锡尼联合希腊各城邦组成联军，渡海远征特洛伊，战争持续十年之久，史称"特洛伊战争"。特洛伊在战争中成为废墟。传说，特洛伊城由希腊人用"木马计"攻破。1871年至1890年，德国考古学家H.谢里曼发掘出特洛伊城址，特洛伊的真实存在得以确认。

4　尼尼微：西亚古城。位于底格里斯河上游东岸今伊拉克摩苏尔附近。古亚述帝国的都城和文化中心，以巨大的建筑著称。前606年被迦勒底人、波斯人和米堤亚联军攻陷，被夷为废墟。

5　巴比伦：巴比伦王国的都城。前18世纪前半叶，古巴比伦王国汉谟拉比王统一两河流域，以此为国都，同时作为祭祀马尔杜克神的中心，后成为加喜特诸王的都城。前689年为亚述王西拿基立所毁，不久又经新巴比伦王国重建。

的话，提到他。一些人崇拜他；另一些人则傲慢地批评他；大多数人都有那么一点儿嫉妒他；还有一些人把他当作可怕的坏榜样，称他装腔作势、夸夸其谈、卖弄学问，老喜欢"掉书袋"。

利用报纸对人评头论足，这并非毕达哥拉斯时代的发明；不过人身攻击这件事，自从巴兰[1]和他对面的人飞短流长之后，就变得相当流行了。

阿那克萨戈拉[2]将自己的财富全部让渡给政府，以期获得自由。他是伯里克利的老师，也是毕达哥拉斯的学生，经常提及自己的恩师。

因此，伯里克利对毕达哥拉斯哲学印象深刻，并常常在演讲中引用相关理论。苏格拉底将毕达哥拉斯列为简朴生活的权威，并声称愿意在万事万物中追随他，只要他不要求噤声就行。苏格拉底希望沉默是非强制的；而毕达哥拉斯则要求他的所有学生必须有一年的时间禁止问任何问题，也禁止做任何解释。在最过分的时候，他把禁令的期限加到五年。

在很多方面，毕达哥拉斯使我们想起了马尔登，他俩都是仁慈的独裁者，都通过身体力行证明自己的真诚。毕达哥拉斯曾说："我从来不会要求别人做我自己没做过或是我自己不愿意去做的事。"

为此，有一次，他的三百名学生向他提出挑战，要他保持沉默一

1　巴兰：《圣经》人物。巴兰可能只是一个高贵的称呼，与"先知"相同。《圣经·旧约》中称，摩押王巴勒因为惧怕以色列，所以召请巴兰来诅咒以色列人，不料神不许巴兰诅咒，把他的诅咒变成祝福。
2　阿那克萨戈拉（约前500—约前428）：古希腊哲学家。对日食做过正确解释并相信物质由原子组成。

年。他接受了挑战，对狂风暴雨般袭来的批评与指责，他没有做任何辩护，没有发过任何牢骚，甚至没有下过任何命令。不过据传，在他的禁令期限结束之后，他把禁令期限的平均时间变短了。

有两部相当完整的毕达哥拉斯传记，一部是第欧根尼·拉尔修[1]写的，另一部是杨布里科斯[2]写的。

就个人而言，我更喜欢后者杨布里科斯的传记，该书从毕达哥拉斯的名字推断，认为他是埃涅阿斯[3]的后代。而埃涅阿斯则是尼普顿[4]的儿子。这样的说法，确实比下面这个唐突而有些耸人听闻的说法好得多：有人竟说，他的父亲就是阿波罗。

毕达哥拉斯的出生地在萨摩斯[5]，是希腊的一个岛屿。他的亲生父母富裕而诚实，而且相亲相爱——毕达哥拉斯说，若要出身无比高贵的话，这一点必不可少。毕达哥拉斯的这一假说，非常可能完全正确。

毫无疑问，他是男子气概的高贵典范，无论是身体上，还是精神上都是如此。他身材高大、轻盈敏捷、高贵威严，并且天生寡言少语。他深知，英俊男子的言谈，总是无法像他的外表一样完美无缺。

他完全清楚自己身体的优雅风度，在回忆自己早年生活时，曾说自

1　第欧根尼·拉尔修（约200—约250）：古希腊哲学史料《名哲言行录》的编纂者。

2　杨布里科斯（约250—约330）：新柏拉图主义哲学的重要人物，为该学派叙利亚分支的创始人。

3　埃涅阿斯：古代希腊、罗马神话中特洛伊战争中的英雄。在特洛伊城沦陷后，携带幼子，背负父亲，逃出被大火吞灭的家园。经过长期流浪后到达了意大利南部。传说是埃涅阿斯家族的子孙们在稍后的时代建立了罗马城。

4　尼普顿：罗马神话中的海神。

5　萨摩斯：希腊东部爱琴海上一岛屿，位于土耳其西岸附近。在前6世纪成为重要的商业和海上力量。先后被波斯、雅典、斯巴达、罗马、拜占庭和奥斯曼帝国占领，1912年此岛成为今天希腊的一部分。

己的父亲是一位商船船长和贸易商。他不经意又加了一句说，如果男人一年有十一个月远离家人，他的子孙将后福无穷。许多当代的哲学家也同意这个观点，只不过他们很少身体力行去实践自己的理想。阿里斯托芬[1]和毕达哥拉斯的一些学生关系密切，他在自己的一个剧本中建议，毕达哥拉斯所说的居家时限至少要增加一个月，这样才对所有相关人员有好处。

柏拉图、色诺芬[2]和亚里士多德经常提及毕达哥拉斯。上述这些伟人都曾受其影响，可见毕达哥拉斯传授了多么崇高的哲学观点！事实上，毕达哥拉斯便是万师之师。虽然他也是一位伟人，但他有时也会反应迟钝，沉溺于汹涌的词汇之中无法脱身，甚至把原先的想法忘得一干二净——假如原先的确有一定想法的话。

知识、学问与智慧，这是三样东西。而直到近期，世人才认定它们实际上是一回事。

知识，是由我们知道的事物组成的，不是我们相信或是认定的事物。它是一种个人直觉的东西，通过经验确认证实。学问，则很大程度上由我们熟记的东西，以及别人或书本告诉我们的东西组成。伯克利广场[3]的汤姆林森是一个有学问的人。我们说起有学问的人，通常会把他描绘为一个坐在图书馆、被高出书架的大部头书所包围的人。

1　阿里斯托芬（约前446—前385）：古希腊剧作家，被认为是最伟大的古典讽刺喜剧作家。现存的剧本有《云》和《和平》。
2　色诺芬（约前440—约前355）：古希腊士兵、作家，苏格拉底的门徒。在进攻波斯的战役中加入居鲁士二世的军队。居鲁士死后，他率领希腊军队到了黑海，这次经历成了他《远征记》的素材。
3　伯克利广场：位于伦敦的城市广场。

毕达哥拉斯

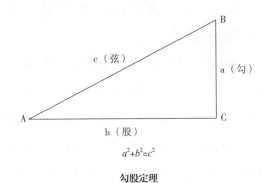

$$a^2+b^2=c^2$$

勾股定理

毕达哥拉斯是西方第一个发现勾股定理（西方称"毕达哥拉斯定理"）的人。

智慧，则是我们从经验中所学到的精髓的浓缩。它帮助我们生活、工作和爱。不论我们此生此世的人生际遇如何，它都将使我们的生活富有价值、饱含意义。即使是饱学之士，仍可能远远谈不上有智慧。

毕达哥拉斯属于这一类奇特的人：天生就有着追求知识的渴望，并最终破解了斯芬克斯之谜，明白实在是无话可说，但还是坚持在说。

只要深挖所有的宗教哲学，就会发现智慧的金块。它们闪闪发光，就像漆黑夜空中的闪亮明星，指引着人们不断向前迈进。

所有伟大的宗教都会有这样的理智阶段，否则就根本不会有信徒。信徒们或多或少地明白了一些道理，希望最终能明白所有的一切。而那些介绍别人入会的人，从内心讲，在他们的良心深处，他们明白自己其实也一无所知。在教授别人的时候，他们不得不假装自己已经完全明白自己所说的东西的意义。新入会者则将自己的缺乏认知，归因于自己的愚蠢，而且许多伟大的导师也鼓励他们这样想。

"耐心点，将来某一天你会明白的。"他们带着冷笑说道。

当轻信裹挟着退缩，让人止步不前时，魔法就赶来救援，赫曼与凯勒[1] 的领域侵入了新的地盘。

神迹和奇迹源自埃及。它们作为一种制度，在那儿获得发展，并得到统治者的支持。与这个异常庞大的宗教骗局相比，当代的诡计诈术简直就像外行人做事一样笨拙可笑。政府、军队、国家的征税权，都宣誓保护这些巨大无比的保险箱，而这些保险箱贮藏的东西是——虚无。也就是说，除了伪装之外什么也没有，而贪婪成性及自我催眠的轻信，在

1　赫曼和凯勒都是著名的魔术师。

伪装的养育下变得越来越肥大、壮硕。

通过哑剧表演及怪异的动作、服装及仪式，表现及暗示这个世界最深层的秘密及人类的终极命运，所有这样的机构都源自埃及。如今的埃及只剩下墓穴、坟地、公墓和无边的沉寂。祭司们不再需要军人保护他们的秘密了。曾经统治世界的阿蒙拉神[1]最终被耶和华驱走，如今和木乃伊们一样丧失了生命，而那些木乃伊曾叱咤风云，无所不能。

埃及人带着嫉妒和恐惧，守护着他们的秘密。

现在我们知道他们的秘密了。这个秘密就是——没什么秘密！

这就是所有秘密社团谆谆告诫的唯一秘密。智慧不能用胡言乱语关进畜栏，更不能用术语、行话捆住手脚。知识是一回事，而谎言是另外一回事。俯瞰眺望之下，我们在羽毛未丰的时代组建的"希腊字母社团"依然隐约可见，随后有了"鹿会"[2]，会员们带着矿泉水和微笑，讲着非常好听的笑话。不过，要不是有了作为保留内容的手足情谊及友爱之情，一切都会显得荒唐可笑。

所有这些秘密与奥妙都曾经属于官方，后来，当局丢弃了它们，而学生们则继续把它们当作宝贝，四处炫耀。

"希腊字母社团"曾是每个大学都必不可少的那一部分课程的残剩品。"死"语言变成了选修课，这是"尸体"断气之前的最后一次抽搐之踢。

现在许多大学都给学生的秘密社团贴上禁止的封条；秘密社团将不

---

1 阿蒙拉神：古埃及底比斯城的一位主神，也是太阳神，被认为是宇宙的创造者。
2 鹿会：美国的一个慈善联谊组织。

被容许作为教育年轻人的一部分内容，不管是直接的还是间接的。这是因为，一知半解的头脑容易过于认真地对待希腊字母的奥秘，而把大学课程当作教职员工的笑话。

如果知识能够通过骑羊获得，那么每一个小小的乡村社区，就在杂货店上面的寄宿屋，都会住着一位赫伯特·斯宾塞[1]；而耕地的农夫只要抓住羊颈背就能获得智慧，只要抓住羊尾巴就能留住知识。

生活及品行并无秘密可言，因为大自然已经提供了你所知道的每一个美丽的想法，你所感觉到的每一种珍贵的情感，它们在你的脸上闪闪发光，每一个伟大的人都能够看见、知晓、明了、欣赏和享受它们。只有奉献出东西，你才能留住东西。

毕达哥拉斯只有四五岁的时候，他母亲教他早上在冰冷的小溪中洗浴，然后迎风奔跑，晾干柔嫩的皮肤。他跑的时候，她也跟着跑，他们一起对着太阳唱着赞美诗。对他们来说，太阳代表着太阳神阿波罗。

这位母亲教会他漠视寒冷、酷暑与饥饿，让他为坚持不懈而欢呼雀跃，为身体的炽热而不胜欣喜。

于是，男孩长得强壮而英俊，充满自豪；也许就是在他的幼年时期，他从母亲那儿得来一个想法，后来他将这个想法加以延伸：他认为阿波罗曾出现在母亲面前，太阳神之美令人炫目，母亲完全被折服了，这是她能认真注视的第一位神。

这是一位伟大的母亲，她的认知和抱负势必会影响到自己的儿子。

---

1 赫伯特·斯宾塞（1820—1903）：英国哲学家，试图在其系列论著《合成哲学系统》中将进化论运用于哲学及伦理学，被称为"社会达尔文主义之父"。

毕达哥拉斯满是这样的想法：自己与众不同、卓尔不群，是专门留下来教授人类知识的。他自认为在出生地学到了所有的知识，而且未受赏识，于是他朝埃及这个学问之国进发。毕达哥拉斯的母亲希望儿子通晓埃及之谜中隐藏最深的秘密。这样的话，他就会明了一切。为此，她卖掉了自己的珠宝，以帮助儿子获得埃及的教育。当时的妇女不被允许了解神圣的秘密，只能知道一些小小的秘密。她想了解更多的知识，于是她说，儿子可以学习，然后告诉她。

此时，这一家人已经非常富有，而且非常有权势。萨摩斯的一位大人物写了一封信给埃及的国务大臣。于是，年方二十的毕达哥拉斯，"留有一头漂亮头发的小伙子"，迈向了前往埃及的征程，大胆地叩响孟斐斯神庙的大门。据说那儿藏满了知识。当时，宗教垄断了所有的学校，在毕达哥拉斯去世之后，相当一段时间内依然如此。

毕达哥拉斯被婉言谢绝，理由是，外国人不能进入神圣的大门——新加入者必须是在神庙的影子里出生的，而且自小由神圣的处女养育，对神充满信念。但他仍坚持要留下来，大概就在那时，他找到了一个保证人为他说话，说他就是阿波罗的儿子。庙里的圣人们此时从窥视孔里偷偷向他张望了一眼，对这位竟敢撒下弥天大谎，可与他们发明的谎言相提并论的少年肃然起敬，从心底充满了神圣的钦佩。

此时的少年肯定完全进入了角色。或许，站在这儿的正是一位他们假装扮演的角色！骗子总是信任骗子，流氓要比诚实的人更容易被流氓习气所俘虏。

他上大学的事儿成了一件国际外交事务。最后，因为被催逼得太紧，负责垄断管理秘密的智者们让步了。他们通知毕达哥拉斯，在某个晚上的半夜，他必须全身赤裸地出现在某个庙的门前，然后，会被允许进入庙内。

在特定日期的特定时刻，美发少年毕达哥拉斯出现在那儿，除了一头美发之外一丝不挂。他敲击着巨大的铜门，但只听到微弱、空洞的回响。

然后他拿了一块石头开始敲击，但还是没有任何回应。强劲的寒风猛地吹来，年轻人感到冰冷刺骨，但他依然执着地敲打着，高声喊叫着，要求进去。他得到的回应是里面咆哮的狗吠声。他还是敲打着！过了一段时间之后，一个沙哑的声音透过一条小缝大声喊叫，命令他马上离开，否则放狗来咬他。

他仍请求进去。

"傻瓜，难道你不知道？法律规定，这些门只有在日出时分才能让人进来。"

"我只知道，有人告诉我半夜到这儿来，这样就会让我进去。"

"这些都有可能是真的，不过没人告诉你，什么时间会让你进去——等待吧，这是神的意愿。"

于是，毕达哥拉斯等待着，全身麻木，奄奄一息。

刚刚发出吠声的狗群不知怎么地出来了，它们在这座巨大石头建筑的角落兴奋地奔来跑去，他带着绝望的力气和它们搏斗。搏斗似乎又使他热血沸腾了，而之前他还打算退回到歇息的寄宿屋去。

东方的天边渐渐亮了起来，成群的奴隶从他身边走过去干活。他们嘲笑他，向他投掷小鹅卵石。

越过沙漠，他看到了初升太阳微微粉红的轮廓。刹那间，他倚靠的巨大铜门突然摇摇晃晃地打开了。他随门倒了下去，一双毛糙粗野的手拎住他的头发，将他扯进大堂。

大门又摇晃着砰的一声关上。毕达哥拉斯躺在石头地板上，陷入深深的黑暗之中。

一个似乎来自远方的声音问道："你还想继续吗？"

而他的回答是："我还想继续。"

一个身穿黑袍、戴着面具的身影，在忽隐忽现的灯光中出现，毕达哥拉斯被带进一间石头小屋。

他被剃了头，得到一件非常粗糙的长袍，然后被留下来独处。当一天快结束的时候，有人给了他一块黑面包和一碗水。他被告知，这些东西是为了给他增加体力，以准备迎接即将到来的严酷考验。

"严酷考验"的具体内容我们只能猜测，不过部分内容是把滚烫的沙子埋到他的身上，直至沙堆淹没了他腰部以下的身体。就在他几乎就要断气之时：

一个声音大声问道："你还想继续吗？"

而他的回答是："我还想继续。"

回到神庙的最深处之后，他被告知要进入某一道门，并在那儿等待。然后他被蒙上眼睛，当打开门进去的时候，他一脚踩空，掉入一个冰冷的水池之中。

当他在水中苦苦挣扎之时：

> 那个声音又一次问道："你还想继续吗？"
>
> 而他的回答是："我还想继续。"

后来，他被捆在一头驴的后背上，驴被牵着沿着陡峭多石的悬崖行走，灯火在一千英尺下的地方摇曳、闪烁。

> "你还想继续吗？"那个声音问道。
>
> 而毕达哥拉斯回答："我还想继续。"

此时，祭司突然把驴推下悬崖，悬崖的高度实际上只有两英尺，下面的深沟在透过墙壁的闪烁灯火的映衬下化作一片幻影。

后来，毕达哥拉斯将这些有趣的经历引进自己创立的学院之中，这样就可以教会快乐的新生们——只要你坚持到最后，没有什么会像看起来那样糟糕，而大多数的危险只不过是幻象而已。

埃及人变得非常敬重毕达哥拉斯，因此给了他一切机会，让他了解最深层的秘密。他说，他已经学会了所有的一切，除了那些根本不可理解的秘密。

他说的极可能是对的。

在埃及花费的时间并没有浪费——他学会了天文学、数学和心理学。当时还没有心理学这个名称，但已被理解得非常透彻——它是对人的管理。

二十年之后，毕达哥拉斯回到萨摩斯时，他的母亲已经去世，因此她对神的秘密依然一无所知——也许这样还更好一些吧。

此时，萨摩斯给予毕达哥拉斯莫大的荣誉。

人们蜂拥而来，倾听他的演讲，争相向他赠送礼物，王公贵族向他深深鞠躬。

但是，萨摩斯很快就厌倦了毕达哥拉斯。他太冷峻、太严肃了。当他开始责备官员们太懒惰、太冷漠时，他被要求到别的地方去教授他的生命科学。于是他旅行到意大利南部，来到克罗顿[1]，在那儿建造了缪斯[2]神庙，并创立了毕达哥拉斯学派。他是他所在时代中最有智慧，也最有学问的人。

有一些不友好的人说，毕达哥拉斯是耶稣会的创始人。埃及神学的奠基石就是那句箴言："为了正当的目的，可以不择手段。"毕达哥拉斯离开埃及时，他将这块奠基石作为纪念品随身带走。只有通过魔法和奇迹，神职人员才能对民众保持控制权，对这一点，人们深信不疑。有组织的宗教作为一个非常不错的警察系统，受到高度赞赏。事实上，如果没有神职人员的支持，没有哪个统治者能保住自己的位子。他们都属于圣职人员。人们徒劳地想从苏格拉底时代开始涌现的圣人、贤者、哲

1　克罗顿：古希腊亚平宁半岛南部的一个殖民城邦，位于今意大利南部。
2　缪斯：希腊神话中司文艺的女神，即"艺术九女神"。希腊宗教中司音乐、诗文、美术的女神，亦监管天文、化学等科学。

学家、诗人和预言家身上寻找简单的真理，但一无所获。因真理以求真理，这绝对是无法想象的；自由思想更是闻所未闻。

私利总是被置于真理之前。

真理总是需要虚饰装扮，否则人们不会有深刻的印象。歌咏，长袍，仪式，队列，钟鼓齐鸣，香烟袅袅，奇特的声音、样子与味道：这些都被认为是传授神圣真理时必不可少的要素。

而对我们来说，用噪音来表示敬拜，有一点儿像向钢管乐队示爱。

毕达哥拉斯是一个非常伟大的人，但要他完全摒弃这些神学小把戏，几乎是不可能的。因此人们发现，每当他要说话时，一旦站起身，红色的火焰便弥漫着房屋。这有点像已故的 T. 德威特·塔尔马奇牧师，据说他总是让一位爱尔兰人在适当的时候，从风琴台那儿放飞一只白鸽。

毕达哥拉斯燃烧起红色火焰的时候，听众自然会认为发生了奇迹，他们不知道，这只不过是简单的舞台把戏。如今，所有喜欢坐在戏楼里看《浮士德[1]》的男孩们都明白是怎么回事。

不过，毕达哥拉斯学派本身有着许多值得赞美的地方，它认认真真、坚定不移地努力去解决一些仍然在困扰我们的问题。

毕达哥拉斯在克罗顿建造的缪斯神庙，根据杨布里科斯的描述，是一个有着二十英尺厚墙的石头建筑物，光线只能从屋顶射入。显然它是依照埃及的风格建造的，是为了教授那些秘传的教义。但毕达哥拉斯改

---

1 浮士德：欧洲中世纪传说中的人物，为获得知识和权力，向魔鬼出卖自己的灵魂。德国作家歌德曾创作同名诗剧。

进了埃及人的方法，在某些日子向所有愿意进来的人开放。有时，他会只给妇女发表演讲，有时只给男人发表演讲，有时只给孩子发表演讲。这表明，所谓"新式复兴方法"并不完全那么"新式"。

这些演讲包含了毕达哥拉斯哲学的精华，也包含了许多实用常识，至今仍被引用。一些言论被苏格拉底、伯里克利、亚里士多德和普林尼[1]所铭记。埃及人究竟教了他什么知识，我们真的无从知晓——它们过于飘忽不定而无法持久。只有那些好的东西才能经久不衰。毕达哥拉斯说：

> 不要去切开葡萄。来自葡萄酒的喜悦并非良物。此种情况下，你抱的希望太多，今后失望会更多。智者既不会因失败而沮丧难受，也不会因成功而狂喜得意。饮食要适度，沐浴要充足，多在露天下锻炼身体，散步走远一点儿，要独自一人去爬山。

> 尤其重要的是，要学会保持沉默——聆听一切，少说话。如果遭人诽谤，不要回应。高谈阔论无人信服。你的生活与品格是最好的论据，胜过任何你说的话。谎言只会回头折磨那些重复它们的人。

> 力量的秘密在于保持平和的性情。请记住，没有哪件事情一旦发生了，就会无穷无尽地持续下去。正义、勤劳、勇敢、节制和沉默的进程表明，你每做一件善事，就会得到你应得的收获。神可能会慢一些给出回报，但他们永远不会忘记。

1　普林尼（23—79）：古罗马学者和博物学家，写了三十七卷的《自然史》。

我们不应因遭受怠慢、冤枉或是侮辱，而去惩罚别人或为自己报仇——请稍事等候，你将发现，复仇女神会把那些热衷于诽谤的人掀翻在地，使他们名声扫地。

妇女的修饰应当端庄、朴素、真诚、顺从。如果女人想俘虏男人，只有通过顺从才能实现。神对悍妇的憎恨，甚于恶男——他们都在毁灭自己。争吵往往带来失败。

淫逸放纵、华丽奢侈，这些是企图从生活中获得不应属于我们的愉悦，因此复仇女神为懒惰和贪婪之人准备了她的惩罚。

要敬畏和尊重神灵。他们为我们指引道路，在我们熟睡时保护我们。除神灵之外，每个人应首先想到自己的父母。然后是他的妻子，再就是他的孩子。

毕达哥拉斯真可谓魅力无限，许多前来聆听他演讲的妇女，在听了他对骄傲、奢华之愚蠢的看法之后，干脆把斗篷留下，将其和戒指、脚镯及项链一起放到圣坛上。

毕达哥拉斯用这些供品及其他供品建造了另外一个神庙。这次建造的是阿波罗神庙，而缪斯神庙在所有时间都对人们开放。他对民众的影响力惊动了地方长官，于是他们派人去找他，询问他的意图。他向他们解释：

缪斯们从来都不会有内部分歧，她们总是服从阿波罗，因此，地方长官也应该达成一致意见，应该一心一意只想着效忠国王。所有王室的布告和法律都是神律的体现，因此必须毫无异议地服从。

由于缪斯从不扰乱上天的和谐，相反，她们事实上增添了和谐，所以人们应当在内部保持和谐。

所有的政府官员都应当把自己当作奥林匹克运动会的跑步运动员，永远不要想着去摔倒、推撞、骚扰或是激怒对手，并且要公平公正地跑完比赛，如果对手比你更强、更优秀，失败了也应心服口服。不公平的胜利只会惹怒神灵。

国家的混乱皆来自年轻人的不良教育。孩子们没有学会忍耐、宽容、努力，不会体贴长辈、尊重他人，因而他们头脑出了问题，最终变得无法无天、叛逆造反，以寻求安慰。因此，在孩子的婴儿时期悉心照顾他们，而当他们进入青春期，却放任其我行我素、恣意妄为，这样就播下了混乱的种子。深受父母宠爱、和父母保持亲密关系的孩子，长大后就会给国家带来荣耀，给神灵带来欢乐。无法无天、牢骚满腹、躁动不安、无所事事的孩子，只会给神灵带来苦恼，给父母和社会带来麻烦。

地方长官听了非常高兴，感觉非常满意，毕达哥拉斯对国家没有恶意。于是他们下达了命令，所有公民都应当每周至少听一次他的演讲，而且要带妻子儿女一起去。

他们还提出给毕达哥拉斯付工资——也就是说，想让他作为一名公共教师领取薪金——但他婉言谢绝了，不想为自己的服务收钱。在这一点上，杨布里科斯说，毕达哥拉斯非常聪明，由于他婉拒固定的工资，十倍于工资的钱财被放在缪斯神庙圣坛上，而这些钱财无法返还给它们的主人，于是毕达哥拉斯被迫为了自己、为了穷人留下它们。

中世纪的神职人员在追忆毕达哥拉斯时非常不公正，他们生搬硬套、逐字逐句地引用他的文字，以证明他们比毕达哥拉斯了不起。

象征与警句需要志趣相同的听众，否则毫无意义。

比如说，毕达哥拉斯曾说：

"不要坐到一蒲式耳[1]的容器上面。"他的意思很可能是，要让自己忙碌起来，把容器装满粮食，而不要把它当作座位。

"不要把心吃掉。"——不要做伤害朋友感情的事，不要伤心忧郁。

"不要用剑搅火。"——不要激怒那些已经怒火万丈的人。

"不要在你的珠宝上戴神像。"——不要把宗教当作一件骄傲自夸的东西。

"要帮助人们肩负责任，但不要帮他们卸下负担。"圣方济[2]曾引用过这句话，以说明异教的哲学家缺乏温情，而晚些时候才有了博爱、仁慈。我们现在很容易就可以理解，帮人们卸下责任无济于事；我们通过肩负责任而变得更强大。

"不要在灰烬中留下锅的痕迹。"——抹掉过去，忘记过去，展望未来。

"不要给长着畸形爪子的动物喂食。"——不要给流氓恶棍提供生计，不要鼓励他们。

1　蒲式耳：计量单位，1蒲式耳等于8加仑或大约36.4升。

2　圣方济（1181—1226）：旧译方济各，意大利人，创立了方济各会，又称"小兄弟会"。他是动物、天主教教会运动以及自然环境的守护圣人。

"不要吃长着黑鳍的鱼。"——不要和做邪恶之事的人有什么关联。

"餐桌上要放一些盐。"——这就是罗马人"要带一点儿盐"[1]的来源。

"把醋放远一点儿。"——要保持甜蜜。

"不要面对太阳说话。"——甚至伊拉斯谟[2]也认为这说法与魔法有关。而对我们而言,这句话是合理的,它的意思可能就是:"不要在公共场合口若悬河。"

"餐桌上掉下来的东西不要捡。"——普卢塔克[3]称之为迷信,但我们很容易就可以想到,这是为猫、狗或者饥饿的人考虑的。《圣经》要求拾落穗时不要跟得太近,要给旅行者留点儿东西。

"献祭时不要修剪指甲。"——也就是说,一次集中精力做好一件事:不要在不适当的时间给钟上发条。

"不要在战车上吃东西。"——旅行的时候,要集中精力旅行。

"不要用左手吃东西。"——光明正大地谋生,不要做见不得人的交易。

1　"要带一点儿盐":意思是"对某事有所保留,要持怀疑态度"。这一说法是从拉丁语翻译过来的,根据罗马学者普林尼于前77年的记录,罗马将军庞培曾发现一种解毒剂,必须和着一小把盐服下才有效。

2　伊拉斯谟(1466—1536):文艺复兴时期的学者、神学家。具体事迹参见本书《伊拉斯谟》一章的内容。

3　普卢塔克:古希腊传记作家和哲学家。传记集《希腊罗马名人传》曾被莎士比亚用在其戏剧中。

就这样，两千多年来，毕达哥拉斯成百上千句的格言给我们的杰出人士带来了烦恼。所有真正为自己的学识自负的希腊学者都对其指手画脚，激起争论。就像可可摩[1]妇女俱乐部的成员一样，她们为了讨论布利斯·卡曼[2]或埃拉·惠勒·威尔科克斯[3]作品中某段意思不清的段落而争论不休。有学问的人什么都明白，就是不明白那些显而易见的东西。

毕达哥拉斯学派不断发展，直至成为克罗托纳最耀眼的明星。因为人们蜂拥前来学习音乐、数学、医学、伦理学和政治科学，以致城市的规模翻了一倍。

毕达哥拉斯利用音乐治疗病人的方法，很久以来被认为只是在施展魔法，但也有人怀疑，它可能是真正的科学。从前有个人终生骑着一匹竹马，在他去世多年之后，人们发现它居然是一匹真正的马，曾经载着此人长途跋涉。

毕达哥拉斯将音阶简化为一种数学科学。在天文学方面，他为哥白尼[4]预先做好了准备，事实上，哥白尼的主要罪过是被认为从异教徒那里借鉴想法。看来，哥白尼使得那些快乐的教士埋头苦学希腊文学，以发现毕达哥拉斯是多么地坏。这样对教士们有所帮助，然而对哥白尼的事业却毫无益处。

有一段时间，毕达哥拉斯曾试图普及自己的工作，但很快就沮丧地发现，他只吸引了一些可鄙可耻之人。他们并不是因热爱学习而来，而

---

1 可可摩：印第安纳州中部城市。
2 布利斯·卡曼（1861—1929）：侨居美国的加拿大诗人、记者。
3 埃拉·惠勒·威尔科克斯（1850—1919）：美国作家和诗人。
4 尼古拉·哥白尼（1473—1543）：现代天文学创始人，日心说的创立者。

是为了满足一种病态的好奇，为了得到一种获得智慧的捷径。他们想知道秘密，因为毕达哥拉斯在埃及待了二十年，所以奔他而来，希望了解这些秘密。

毕达哥拉斯曾说："深挖之人，将会有所发现。"在另外一个场合，他从相反的角度说这个问题："不深挖之人，永远无发现。"

毕达哥拉斯和克罗顿的一位大人物之女结婚时，已过不惑之年。他的妻子先是他的学生，后成为他的门徒。在妻子的鼓舞下，他构思出了一种全新的生活模式，认为它将颠覆旧有的生活方式。

毕达哥拉斯本人没有写下任何东西，但所有的学生都记笔记。在紧随毕达哥拉斯的那个世纪，雅典充斥着这些毕达哥拉斯笔记，它们为我们提供了一些散乱的资料，从中我们可以了解他的生平事迹。

毕达哥拉斯和其他伟人一样，有着自己的乌托邦梦想：它是一个社团，或者从字面上讲，"一群人"，所有人都是平等的。每个人都工作、学习、相互帮助，所有人都努力避免去打扰别人或是给别人带来烦恼。它就像是奥奈达公社[1]，也像后来代替奥奈达公社的布鲁克农场[2]，更像是后来震颤派[3]建立的虔诚而科学的"新和谐公社"[4]。

当人们仔细察看指引成员的琐细手册时，会禁不住笑起来。它们就

1　奥奈达公社：美国空想社会主义团体，创立于 1848 年 2 月。位于锡拉库兹东北部偏东、纽约州中部的一座城市，由约翰·汉佛尔在 1848 年建立乌托邦社会，又称奥奈达社区。它拥有繁荣的银器制造业，并于 1881 年改建为股份制公司。

2　布鲁克农场：美国超验主义者组建的乌托邦组织，于 1841 年至 1847 年在马萨诸塞州的一个农场进行实验。是 19 世纪中期众多乌托邦式公社中最著名的一个。

3　震颤派：起源于英格兰的基督教组织，成员过着公社式的生活并倡导独身。

4　新和谐公社（New Harmony）：由英国空想社会主义者欧文于 1824 年在美国印第安纳州创办，进行和谐社会实验。

像是约翰·亚历山大·杜威[1]的布道抄本，根据罗伯特·欧文[2]的思想又做了一些修改。

这个毕达哥拉斯社团的组建是为了躲避那些乘船从希腊过来的不速之客。这些人渴望得到新东西，主要是希望不用付出劳动就能获得知识和生计。

因此，毕达哥拉斯和妻子组建了一个关系紧密的社团。每个成员入会时都有一个严格、严肃的入会仪式，其目的在于阻止那些三心二意、吊儿郎当的人入会。每位成员都必须向公共宝库上交各种价值、类型的财物。他们赤条条地重新开始，就像毕达哥拉斯当初站在埃及的那所神庙大门前时那样。

简朴、真挚、诚实及相互服务将支配一切。这是修道生活行动的崭露头角，唯一不同之处是，妇女也被允许加入。毕达哥拉斯与埃及人不同，他相信男女平等，他妻子每日都指挥妇女合唱队，还发表演讲。孩子们由一些身份为保姆兼老师的妇女进行特殊照顾。他们希望通过培养出完美的孩子，从而培养出一代代完美的后人。

整个构思是图腾崇拜及禁忌时代的产物。可以肯定，它繁荣兴旺了大约三十年。毕达哥拉斯的两个儿子和一个女儿在社团里长大成人。女儿后来遭到隐修会的审判，罪名是向外面的人兜售父亲的秘密学说。

一个儿子似乎惹了麻烦，企图篡夺父亲的位置，作为"次代理人"

1　约翰·亚历山大·杜威（1847—1907）：公理宗牧师。生于爱丁堡，移居澳大利亚。1888年来到美国，五年后因医好林肯总统的外甥而声名大噪，他在芝加哥建立的锡安会堂，每星期日有三千到七千人聚会以寻求得救之道和身体的医治。
2　罗伯特·欧文（1771—1858）：英国制造商和社会改革家。

接掌权责。乌托邦社团的极限大约是一代人。最初组建社团的人逐渐身体变弱，接二连三地去世；年轻一代接掌权责，老一辈人的节俭想法被遗忘，出现了浪费及分裂。这样不断循环往复。

对毕达哥拉斯社团的最后打击，来自外界居民的嫉妒与误解。这是所谓的"居民与师生对抗"的老问题。毕达哥拉斯社团大约有三百人。他们清高超脱，无疑有着令人气恼的傲气。外来者绝不允许进入围墙之内——这是他们定下的法律。他们的内部冲突及对其持异议者讲述的故事，更激发了居民们的好奇心及偏见。接着就有了流言，说毕达哥拉斯社团正在收集武器，打算推翻当地政府，将使官员们沦为奴隶。

某个晚上，在一队喝醉的士兵的带领下，一群暴徒袭击了社团。房屋被烧毁，会员们被烧死在屋内，或在冲出屋外试图逃跑时被杀死。据说，一个牧羊人后来在山上见到过毕达哥拉斯，但更有可能的是，他和他的追随者一起灰飞烟灭了。可是，你不能就此打发掉一位伟人，说他被消灭了。时至今日，我们依然在读着、写着、谈论着毕达哥拉斯。

柏拉图

柏拉图

　　柏拉图（Plato，前427—前347），古希腊哲学家、思想家和教育家，也是全部西方哲学乃至整个西方文化最伟大的哲学家和思想家之一，在雅典创办了学院。柏拉图是苏格拉底的学生，亚里士多德的老师，他们三人被认为是西方哲学的奠基者。柏拉图留下了许多著作，多数以对话体写成，常被后人引用的有：《申辩篇》《曼诺篇》《理想国》《智者篇》《法律篇》等。《理想国》是其中的代表作。柏拉图是西方客观唯心主义的创始人，其哲学体系博大精深，对其教学思想影响尤甚。

我还清楚地记得年老的诗人索福克勒斯*，有人问他："索福克勒斯，你这么大年纪还谈情说爱吗？——你还是以往的你吗？"他回答说："别提了！我洗手不干了！谢天谢地，我终于解脱了，而且感觉就像挣脱了一位疯狂而暴怒的奴隶主。"

　　自此之后，他的这个说法经常闯入我的脑海，我当时觉得他说得在理，现在更深以为然。上了年纪的确使人心平气和、宁静寡欲；到了此时，情感之弦不再绷得那么紧，就像索福克勒斯所说，你摆脱的不仅仅是一个主子的控制，而且是一大帮穷凶极恶的奴隶主。苏格拉底啊，上面所说的许多痛苦，包括亲人朋友的种种不满，其原因不在于人的年老，而在于人的性格和脾气。如果他们是心平气和、快乐大方的人，就几乎感受不到年老对他们的压力。而性格相反的话，不论年老或年轻，都摆脱不了烦恼与痛苦。

——《理想国》

---

　* 索福克勒斯：古希腊著名剧作家，古希腊悲剧作家的代表人物之一，和埃斯库罗斯、欧里庇得斯并称"古希腊三大悲剧作家"。他大致生活于雅典奴隶主民主制的全盛时期，在悲剧创作领域相当高产。一生共写过一百二十三个剧本，如今只有七部完整地流传下来。他现存的剧作包括《埃阿斯》《俄狄浦斯王》《安提戈涅》《俄狄浦斯在科罗诺斯》。

柏拉图
PLATO

　　思想家是从大自然实验室进化出的最新产品之一。第一位敢于以诚实、简单、自然的方式，去表达自己对世界的看法的智者就是苏格拉底。他在表达自己观点时，不会顾忌他人之前对世界的看法。

　　自苏格拉底被处死[1]，二十四个世纪过去了，他的罪名是亵渎神灵、毒害雅典青年的头脑。其中有十个世纪，在教士与军人成功联盟的情况下，人类失去了思考的能力。这些人阻碍了人类的发展。使别人成为奴隶的代价是，你自己也成了奴隶。

　　镇压人类，即意味着镇压你自己。

　　人类是融为一体的。3世纪的那些教士与军人，虽然本身有那么一丁点儿优点，却也免不了深陷、湮没于迷信与无知的大泥潭之中。这种恐慌持续了一千年，是通过那些劣迹斑斑的人的强迫而实现的。在任何时候，甚而是直至我们生活的这个年代，坦诚地表达自己对宗教、经济

1　苏格拉底被判死刑，缓刑一个月，有充裕的时间与机会出逃。他的朋友与弟子们策划他的逃亡，在大卫的名画《苏格拉底之死》中，苏格拉底的床下有一块地砖，描绘的可能就是逃跑计划之一。另外，当时的雅典法律规定，被判有罪的人可以请求宽恕，也可以选择在认罪的前提下交罚金或者被放逐。但这样就等于承认自己有罪，于是均遭到苏格拉底的拒绝，他唯愿以身殉道。行刑前他与弟子们谈笑自若，从容平静地饮下了狱卒送来行刑的毒酒。

和社会问题的看法，即意味着面临巨大的危险。任何人若想成为著名作家、演讲家、商人或是政治家，他最好有意地隐藏心底的想法。如果哪位政治家敢于鼓足勇气，大胆地对一些简单的话题发表看法，比如说不管业主从事何种业务，对房地产应征同样的税，或者说不管是男是女，同样的工作应得同样的报酬，那么这位政治家很快就会遭到贬谪，回归平民生活。依赖顾客获得成功的商人们发现，最方便有效的方式是迎合大众的迷信，大捐特捐，支持那些连自己都不相信的东西。没有哪位公开宣称拥有独立思想的思想家会被承认为"文明国家"的领袖。

事实上，直言不讳的惩罚如今只局限于社会和商业方面的排斥，好歹这还是让人们的心中充满了希望——几年前，直言不讳即意味着上断头台。

我们这代人继承了一份沉重的恐惧遗产，它将欢乐驱赶殆尽，几乎将生活变成一个漫长的噩梦。

事实上，人类曾经处于癫狂状态。

幻想、谬论、恐惧曾噬咬着我们的心，人与人曾经疯狂地舍命争斗。而那些干涉我们、试图挽救我们的人，我们竟狠心杀其灭口。当我们说这句话时，说的是真话——"我们当中没有健康人"。然而，我们反复说这句话，目的并不是想治好我们的毛病。

现在我们正处于康复期。我们拄着拐杖，蹒跚着迈向阳光灿烂之地。我们解雇了那些老朽的顾问，将那些使人变傻、要人命的瓶子摔出窗外，一心一意研究、了解自己所处的状况。我们的座右铭已经有两千四百岁了——简单地说，它就是：了解自己！

苏格拉底是一位街头传教士，对于人们是否喜欢他，他毫不关心。

对大多数雅典人来说，他就是城里的小丑。雅典是个小城市（只有大约十五万人），每个人都认识苏格拉底。流行的戏剧讽刺他；流行的歌曲故意引错他说的话；那些街道角落的滑稽艺术家用黏土塑像，你要是在旁边驻足等候，将发现他们塑的是苏格拉底的像。

每个人都认识苏格拉底——我猜肯定是这样！

柏拉图，这位十九岁的英俊少年身穿紫色长袍，表明他是一位贵族，他停下脚步，聆听这个粗鄙之人的演讲。此人奉献出一切，却一无所求。

我的神啊！难怪他们会讽刺、模仿他！——他的诱惑力太大了，让人无法阻挡。

柏拉图微微一笑——他从来都不会张口大笑，他的教养太好了，因而不会这样做。然后他叹了一口气，接着往里又靠近了一些。

"个人什么都不是。国家就是一切。冒犯国家就要面临死亡。国家是一个组织，我们都是组织的成员。国家与它最穷的公民一样富裕。我们都是被给了一丁点儿神性的标本，供学习、模仿及惊叹。要了解国家，你必须先了解你自己。"

柏拉图继续逗留，直到围着的人群散开。当这位睁着溜圆的眼睛、长着满月般的脸庞的老人，拖着脚步缓慢沿街而行时，柏拉图走向前去，问了一个问题。

这位苏格拉底并不是小丑——民众是错的——他是一个非常自然的人，不喜欢作伪善之言，因而被那些不务正业、虚伪矫饰之人当作伪君子，他们问道："他是真诚的吗？"

柏拉图的出身、教养及遗传使其成为一位高贵的人，而苏格拉底天性高贵。

到目前为止，柏拉图的抱负是追求高位及权力——要给人们留下适当的印象以获得政治上的升迁。他在诡辩家[1]的学校里获得了教育，主要学习了诗歌、雄辩术和仪态学。

此时此刻，他毁掉了自己的诗稿，因为他突然发现，自己写的诗没有写出自己内心真正相信的东西，而只是一些自己认为适合说、说得正确的东西。换言之，他的著作只不过是矫饰之作。

在此之后的每一天，苏格拉底走到哪里，柏拉图就跟到哪里。他们肩并肩坐在路沿边——苏格拉底发表演讲，回答旁观者的问题，向路人打招呼；柏拉图谈得很少，但听得很多。

苏格拉底个儿矮、身宽体胖。柏拉图则个子高挑、体格健壮、肩膀很宽。事实上，"柏拉图"或是"柏拉顿"这个词的意思就是"宽阔"，这个名字是他的好朋友给他取的绰号。他的本名是亚里斯多克勒斯，但"柏拉图"这个名字更适合他，因为它表明，他不仅有着宽阔的肩膀，而且有着开阔的头脑。他不仅生来高贵，外表举止同样优雅高贵。

爱默生称柏拉图为"宇宙人"。柏拉图汲取了同时代所有的科学、所有的艺术和所有的哲学思想。他英俊潇洒、和蔼可亲、优雅得体、高雅亲切、慷慨大方，终身都单身未婚，从未与贫困或婚姻发生过冲突。

苏格拉底去世时，柏拉图年仅二十八岁。有八年时间，他们每天都在一起。苏格拉底去世之后，柏拉图活了四十六年，只是为了使这位伟大先哲英名永葆。

---

1 诡辩家：职业哲学家或教师，尤其指前 5 世纪的一群专攻辩证法、辩论术以及修辞法的希腊哲学家，他们常以其精彩巧妙和似是而非的辩论而闻名。

苏格拉底通过柏拉图走向我们。同时代其他一些人也提到了苏格拉底或引用他的话，其中一些人说的是不利于他的话。留给柏拉图的任务，是向人们阐述苏格拉底哲学的核心内容，以令人难忘的概要形式，描绘他的品格，使他永垂不朽。

柏拉图被称为"希腊的骄傲"。他对世界财富的贡献在于，他传授了才智之喜悦——通过思考获得的终极满足。这是纯柏拉图式的哲学：找到高尚思想之喜悦，而非身体放纵之满足。柏拉图的思想认为，刚刚成年的时候，应拿出五年时间，用于提炼思想，回避实际事务，以获得对学习的热爱。这个理论已经嫁接到思想之茎，一直流传到我们的这个时代。然而，一些世界上最优秀的思想家认为这是个谬论。人的生命单位是天，不是月或年，更不是五年这样一长段时间。每一天我们都必须锻炼头脑，就像每天锻炼身体一样。我们不能把健康储存起来，然后在一段长长的存期后随意取出。这个账户必须保持活跃。为了保持体力，我们必须每天消耗体能。赫伯特·斯宾塞的看法是，思想是一种身体的活动——是在脑细胞的某个区域发生的震动——柏拉图从未宣扬过这样的想法。头脑只不过是一个器官，不能仅仅用于五年这样的一段时间，不能只用头脑中的某个部分而排斥其他部分的使用，应当每天都使用，而且使用所有部分。因此，生活的实际事务应当每天都吸引我们的注意力，处理事务的时间应当不少于我们每天研究欣赏音乐、诗歌、艺术或是辩证法中显而易见之美的时间。我们每天都应当凝视美丽的图画、读美丽的诗歌或是听一段美妙的音乐，这种想法是非常符合科学规律的。因为这样研究欣赏和谐之美，是一种身体的锻炼，也是精神的锻炼，我们在锻炼中长大、成长、发展。

我们不能花五年的时间用于纯粹的审美锻炼，排斥实际事务，这要冒很大的风险，现在这已成为众所周知的事实。我所说的实际事务，指的是大自然要求我们为了谋生要做出的努力。每个人都应当像穷人一样生活，不论他是否富有。大自然对银行存款的多少一无所知。要使自己吃饭时有胃口，你首先必须挣得吃饭的钱。如果你想要在晚上睡得香甜，你必须首先通过体力劳动挣得甜美的睡眠。

柏拉图出生于埃伊纳岛[1]，父亲拥有一个庄园。母亲是梭伦的直系后裔，父亲也毫不逊色，血缘可追溯到科德拉斯[2]。

而苏格拉底的父亲是一位石匠，母亲是一名助产婆，因此很自然地，儿子非常轻视家谱、血统。苏格拉底曾对柏拉图说："每个人都能追溯到科德拉斯——只要花足够多的钱给做家谱的人。"这似乎说明，当时家谱和现在一样都是商业性的事物，普天之下，没有什么新鲜之物。不过，尽管他对遗传持蔑视的态度，我们发现苏格拉底经常表达自己的自豪感，说自己是一名"土生子"，而特米斯托克利斯的母亲阿斯帕西娅[3]和其他一些相当出众的人物，都是雅典的外来户。

苏格拉底属于有闲阶级，有足够时间参加冗长的学术讲座，因此，他的对话当中，有多少我们可以当真，这还是个问题。每一种味觉都需要调味品进行匹配。而且，我们无法知晓，其中有多少是属于苏格拉底的，有多少是属于柏拉图本人的东西。苏格拉底什么都没写，柏拉图将

---

1 埃伊纳岛：希腊萨罗尼克群岛中的岛屿。位于比雷埃夫斯西南。其西海岸主要城市和港口埃伊纳建在古代同名城市的遗址上。

2 科德拉斯：雅典国王，他是传说中的最后一位富有传奇色彩的雅典国王。

3 阿斯帕西娅：古希腊政治家伯里克利的情妇、社会活跃人物。活动时期为前5世纪。

　　　　　　　　　　　　大先生 GREAT TEACHERS

所有的智慧归于他的老师。这到底是简单的审慎，还是高尚雅量，还是个问题。

苏格拉底之死对柏拉图来说，一定是一个沉重的打击。他立即离开了雅典。这是他第一次下决心永不返乡。他旅行经过希腊和意大利南部的一些城市，后来来到埃及，所经之地都给予他皇家般的礼遇。

锡拉库萨[1]的暴君狄奥尼西奥斯在多次恳请之后，前去拜访这位杰出人士。狄奥尼西奥斯犯了哲学和文学疥疮之病，他以爱慕文学艺术的仁慈独裁者自居。他统治他的人民，教育他们，照顾他们，管教他们。有人称这是奴隶制度，也有人称之为实用社会主义。

狄奥尼西奥斯希望锡拉库萨成为世界的哲学中心，为此柏拉图被要求在锡拉库萨安家，并发挥自己的专长——宣扬真理。对此，他表示同意。

这一切很像米西奈斯[2]和贺拉斯[3]的关系，或是伏尔泰[4]与腓特烈大帝[5]之间的关系。资助人就是资助他人之人——他会想要获得点东西，而狄奥尼西奥斯想要的东西是：想让柏拉图投射一束彩色的灯光到他这个无

---

1 锡拉库萨：意大利西西里岛东岸海港城市。前 734 年由希腊人创建，前 485 年被希波克拉底夺占，在约前 465 年发生革命，建立了民主政体。前 413 年在伯罗奔尼撒战争中打败雅典人的入侵。前 405 年至前 367 年在狄奥尼西奥斯一世的统治下成为最强大的希腊城邦，与对手迦太基进行了三次战争。

2 米西奈斯：古罗马的文学艺术资助者。

3 贺拉斯（前 65—前 8）：罗马抒情诗人，他的《颂歌》和《讽刺作品》对英国诗歌产生了重要影响。

4 伏尔泰：法国作家，18 世纪欧洲最伟大的作家之一。他以反暴政和反盲从的侠肝义胆而留名后世，也因其睿智、讽刺和批判能力而闻名。

5 腓特烈大帝（1712—1786）：腓特烈二世，普鲁士国王（1740—1786）。是公认的军事家、政治家，同时也是文笔优美的作家，留下了《战争原理》《政治典范》《军事典范》《布阵法与战术纲要》等诸多著作。他终身热爱文学艺术，擅长吹奏长笛。

私、仁慈、高贵的独裁者身上。但柏拉图是个单纯、诚实和直率的人，他从苏格拉底那儿学到了这些习惯。

查尔斯·弗格森曾说，简朴的生活不在于居住在森林里，穿着马裤和凉鞋，而在于将伪善之语赶出自己的世界，将虚情假意从自己的灵魂中剔除。

柏拉图过着简朴的生活。当他说话时，他说的是自己所想的东西。他讨论了剥削、战争、税收和国王的神授王权。国王非常不幸——他们在各个方面都被切断、屏蔽掉与真理的联系。他们只能得到二手的事实，而且整天说着谎言。结果是，到了一定时间，他们变得没有能力消化真理。王室作为一种人造建筑物，需要不断地加固。除了犯死罪的人，没有人会像国王一样胆怯、害怕。海涅[1]曾说，国王睡觉时，都必须用睡帽盖住王冠，以防止被盗，而且他们很容易失眠。

沃尔特·惠特曼，他没有什么可失去的——没有什么名声，甚至连一顶帽子也没有——当他不戴帽子走过白宫时，他比俄罗斯的尼古拉[2]或者西班牙的阿方索[3]可要高贵得多。

狄奥尼西奥斯认为自己想要一个通晓哲学的王室，但实际上他想要的，只不过是要让人们认为他有一个通晓哲学的王室。而柏拉图提供给他的却是真材实料，很自然地，柏拉图很快就被要求走人。

柏拉图离开之后，狄奥尼西奥斯担心柏拉图会在雅典传播他的坏名声——有点像"越狱修女"的方式与习惯——于是派出一艘快速划行

---

1 海涅（1797—1856）：德国作家，1831年之后生活在巴黎。

2 指尼古拉一世·巴甫洛维奇（1796—1855），俄国沙皇（1825—1855）。

3 指阿方索十二世（1857—1885），波旁王朝的西班牙国王（1874—1885）。

的战船追上他。柏拉图被逮捕，然后在自己的家乡埃伊纳岛被卖身为奴。所有这一切听起来很悲惨，但真正的事实是，它有点像误解之喜剧——如果从安全而合适的距离来看，国王的行为向来如此。德·沃尔夫·霍珀[1]扮演的国王是真正的国王。狄奥尼西奥斯声称柏拉图欠了他的钱，因此发出扣押令，将这位哲学家卖给出价最高的人。

这是一个完全合法的程序，只是简单的当奴隶偿债的行为，这样的行为至今在美国的某些地方依然存在。我在描述这个事实时，不带任何偏见，只是想说明，习俗的消亡是多么地不易。

柏拉图太过出名，因此藏匿或是处死他都不方便。雅典的某些人抄袭了约翰逊博士[2]的做法。当约翰逊博士听到戈德史密斯[3]欠债数千英镑时，忍不住羡慕地说：“难道之前诗人曾被如此信任过吗？”柏拉图的另外一些好朋友则确认了声称的欠债金额，付清了债务，就像 H.H. 罗杰斯仁慈地为马克·吐温[4]付清债务一样，而这位《哈克贝利·费恩历险记》的作者刚刚将自己的商业之舟搁浅于沙洲上。

就这样，柏拉图自由地脱身了，回到了雅典，年龄四十岁，比离开雅典时更有智慧，更为出色。

没有什么比沉默和缺席更能宽恕一个人的名声，如果有那就是乡村

1　德·沃尔夫·霍珀（1858—1935）：美国音乐喜剧演员。其在诗剧《捕捉蝙蝠》中的表演令人难忘。

2　约翰逊博士：指塞缪尔·约翰逊（1709—1784），英国著名诗人、散文家、传记作家，编纂的《词典》对英语发展做出了重大贡献。

3　戈德史密斯（1730—1774）：英国作家。代表作有小说《威克菲尔德的牧师》（1766），田园诗《荒村》（1770）和悲剧《委曲求全》（1773）。

4　马克·吐温（1835—1910）：美国小说家，下文提到的《哈克贝利·费恩历险记》为其作品。

编辑所称的"冷酷的死神"。活着或多或少总是一种罪过，特别是如果你有思想，又表达了你的思想的话。雅典之所以幸存下来，从某种程度上讲，是因为它杀死了苏格拉底；耶路撒冷令人难忘，也是因为类似的原因。南方人起初没有意识到，林肯是他们最好的朋友，直到凶手的子弹穿过他的大脑。芝加哥许多大人物一直没有停止辱骂他们的首席公民，直到奥耳特格耳德因死亡而停下脚步，双手变得僵硬。死者的嘴唇最为雄辩。

柏拉图十年的离开，为他带来了声望。他获得尊敬，因为他曾是苏格拉底最亲密、最亲近的朋友，而这位伟大而优秀的人被误杀了。

大多数谋杀或是杀害，不管是法庭上的，还是其他方式的，都是误杀。

柏拉图被赶出锡拉库萨，原因也是苏格拉底在雅典被杀。不过现在你看，当狄奥尼西奥斯看到雅典如何敬重柏拉图时，他发现原来一切都是记账员的过错，于是他写信给柏拉图，请他回来，一切都可以原谅。

那些出发追求理想生活的人，必须走过一段崎岖的小径。通往耶利哥[1]的道路上岩石嶙峋——特别是当我们有点怀疑，它是否真的是通往耶利哥的道路的时候。也许，我们能够找到那个过上理想生活的人，那他也一定是毫无知觉的，他因为完全投入到自己的工作中而忘记了自我。

时间已经教会了柏拉图使用策略。他现在明白，去教授那些不想被教的人，是一个错误的判断，可能会使自己掉脑袋。

苏格拉底是第一个民主人士：他代表了民众——代表了人民。柏

---

1 耶利哥：约旦河西岸城市，常指遥远的地方。

拉图会做同样的工作，但他明白，这个工作，用我们保险业朋友的话来说，属于"高度风险"的工作。为人民工作的人会被人民所摧毁。毒芹[1]是一件非常稀有而宝贵的商品，很少人买得起；十字架则是一项过于昂贵的特权，很少有人愿意付出这个代价。

天才是第一个说出真相的人；所有的真相在第一次说出时都是煞风景的。与众不同的东西总是令人不快。"以前谁听过这样的东西啊？"文学、哲学的山地部落表示强烈愤慨。詹姆士·拉塞尔·洛威尔[2]曾说："我一不小心说出了不入耳的真相，你看，自我之后，没人再需要说它们了。"

柏拉图是天生的教师：这是他的生意和消遣，也是他生活中唯一给他带来乐趣的东西。但他退回到古老的方式，就像埃及的教士那样，使真理变为秘不外传的东西，而不像苏格拉底那样开放。他在老朋友阿卡得摩斯[3]的小树林那儿建立了自己的学院，离雅典一英里远，在通往艾留西斯的路上。为了纪念阿卡得摩斯，学校的名称为"阿卡得米"[4]。它与世隔绝、安全可靠、风景优美。柏拉图又适时购进了邻近阿卡得摩斯树林的大片土地，这些土地被留作固定的学院用地。所有的授课都在户外进行，师生一起坐在大理石长凳上，坐在喷泉前，或者在庭院漫步，到处都是绿树成荫、鸟语花香。雅典的天气与加利福尼亚州南部的天气相似，一年中，有三百天都是阳光灿烂的。

1　毒芹：苏格拉底被执行死刑时喝的毒药的药名。
2　詹姆士·拉塞尔·洛威尔（1819—1891）：美国编辑、诗人和外交家。主编了《大西洋月刊》（1857—1861），曾任美国驻西班牙公使（1877—1880）和驻英公使（1880—1885）。
3　阿卡得摩斯：希腊传奇英雄。
4　原文为 Academy，本身即"学院""大学""学会"的意思。

柏拉图对口语文字的重视，超过对书面文字的重视，这样做对他毫无影响，因为他本人是一位非常杰出的作家。正如能够衣衫褴褛见人而若无其事的，通常是家产殷实之人。当代的演讲学校的口号是："我们通过表达而成长。"而柏拉图是第一个说出这句话的人。柏拉图的授课都以"随堂测验"的形式进行，因为他相信，真理不是从别人那儿获得的东西——它是一种自我发现。

确实，我们可以想象得到，一切都非常愉悦——散步、漫步，躺在草地上或是围成半圆坐在一起，尽情地聊天，轻松地谈笑，时不时地读一篇短文，以启动脑细胞的运动。

亚里士多德来到了这里，他从马其顿[1]山区的偏远家乡过来，在这儿待了二十年，然后变成了老师的对手。

我们完全可以想象出亚里士多德这位登山者和骑士的样子，他有时真是厌倦了这个花园，高高的围墙、铺碎石的路径、精致的灌木林，它的毛病就在于找不出它有什么毛病。他抗议地大声喊叫："整个山脉、整个山谷、整个平原、整个世界，都应该做我们的学院，而不应仅仅是这个幽闭的尤蒂卡[2]，它使我们的力量不断萎缩、变小。"

紧随而来的，是关于说事与做事，或诗歌与科学之间的相对价值的争论。

诗歌、哲学和宗教是非常古老的主题，即使在柏拉图的时代，它们

1　马其顿：欧洲东南部巴尔干半岛上一地区，包括今天的希腊、保加利亚等地区。亚历山大帝国灭亡后，罗马人、拜占庭人、保加利亚人、塞尔维亚人和土耳其人先后统治过该地区。
2　尤蒂卡：非洲北部的古代城市，临近地中海，位于迦太基的西北。据传是前 1000 年左右由腓尼基人创立的，于前 1 世纪左右衰落，最后于 700 年左右被阿拉伯人摧毁。

也是很古老的；但自然科学是伴随亚里士多德而来的。科学只是对普通百姓的常识进行分类。是亚里士多德将事物分门别类，而非亚当[1]。他主张将植物、岩石和动物分门别类，并加以命名。它的重要性不亚于将人类幸福的思想分类，也不亚于对死后灵魂状态的猜测。

当然，他完全被人误解了，因为他倡导的东西，以前从未有人倡导过。他的美德就在于此，他超越了人们的同情，甚至伟大的柏拉图的同情。

不过，有一段时间，这个年轻人展现的天才使柏拉图欣喜万分，如果学生诚挚认真、热心好学、富于才智、胸有抱负，每个老师都会感到高兴。柏拉图的伟大之处，在于思考；亚里士多德的伟大之处，在于观察。曾有人说，是亚里士多德发现了世界，这话说得很好。亚里士多德老年时曾说道："我努力将大自然的事物分门别类，这都来自柏拉图教我首先要将思想分门别类。"四十年前柏拉图也曾说过："是苏格拉底教会了我这个游戏：将思想相互关联、分门别类。"

柏拉图的作品由三十五篇对话构成，只有一篇短文不是以戏剧的形式安排的——《申辩篇》。这些对话长短不一，有的长度只有二十页，每页就四百字；有的长达三百页。除了这些书，还有许多同时代的作家引用柏拉图的话，或是提及他的内容。柏拉图的作品超越了个人，就像莎士比亚的作品一样。所有人类的想法，所有信仰、情感和愿望的细微差别，都从他头脑的滤器中通过。他允许每个人都有发言权。

柏拉图的所思所想，只能通过推论得出，每个读者都可以得出自己

---

1 亚当：《圣经》中记载的第一个男人。

的结论。我们可以根据自己的形象，建造出我们自己的柏拉图。评论家对柏拉图哲学最高的评价，就是对评论家自己最高的评价。不过，最为合理、可靠的结论是，柏拉图将自己的思想放到苏格拉底的口中，因为柏拉图终生唯一的目的，就是挽回苏格拉底的声名，驳斥针对他的指控。莎士比亚最喜欢的人物，是那些代表了大师的人物，而不是招人恨、人为制造的坏蛋。

柏拉图在生活中的位置，是旁观者的位置，而不是演员的位置。他站在旁边，看着人群经过，在人们经过时评头论足。他不收学生学费，也不收其他费用，声称兜售自己的影响或是思想是不道德的。

人们将记住，拜伦[1]在开始文学生涯之初，曾站在类似的立场，发誓"决不会出卖自己的天才，受别人雇用"。他要把自己的诗献给全世界。后来，当他入不敷出时，他开始和巴拉巴斯[2]做交易，成了一位严格按标准收钱的艺术家，没有担保，拒绝作诗。

对拜伦的为人，没有什么重大的争议。柏拉图也是人。他有固定的收入，因此知道财富的无足轻重。他没有公布收费表，但有着可观的报酬，他收的富学生会神秘地将报酬留在大理石长凳上，因为这是在向神灵表示感谢。他说过许多重要的话，但从未说过这个："我宁愿每个人都贫穷，这样他们就会知道金钱的价值。"

《理想国》是柏拉图对话中最著名、被阅读得最多的作品。它描绘了一个理想的政体形式，在这样的政体统治下，每个人都健康、快

---

1 拜伦（1788—1824）：英国诗人，被公认为是浪漫主义运动的先驱。
2 巴拉巴斯：《圣经·新约》中被判刑的小偷，民众要求彼拉特释放他而处死耶稣。

乐，社会繁荣昌盛。它启发鼓舞了托马斯·莫尔[1]爵士、伊拉斯谟、让-雅克·卢梭[2]、威廉·莫里斯、爱德华·贝拉米[3]、布里格姆·扬[4]、约翰·汉弗莱·诺伊斯[5]和尤金·维克托·德布兹[6]。将劳动细分，分派特定的人做特定的工作——比如说，去照顾孩子——这一点吸引了厄普顿·辛克莱[7]，他从自己的乌托邦木棚中跳出来，走进了橡胶厂，消失得无影无踪。

柏拉图的打算是，把婚姻制度从蜕变为另一种奴隶制度的危险中解脱出来。统治者、教师和艺术家尤其要获得自由，由国家承担起所有的责任。原因很简单：他希望人们自我繁殖。不过，对天才究竟是后天获得的，还是先天禀赋，他虽然提到了，但谈得很少。另外，他似乎没有意识到"没有哪个小屋不受其影响"[8]的道理。

1　托马斯·莫尔（1478—1535）：英国政治家、人文主义学者和作家。拒绝遵守行为至上的法令，这一法令强迫英国臣民承认亨利八世的权威在教皇之上，后被囚禁在伦敦塔内直至以叛国罪为名被斩首。他的政治论文《乌托邦》（1516）构想了一种理想政府之下的生活。1935 年被封为圣徒。

2　让-雅克·卢梭（1712—1778）：法国哲学家和作家。主张人的本性是好的，但被社会腐化了。其著作有《社会契约论》和《爱弥儿》（均写于 1762 年）。

3　爱德华·贝拉米（1850—1898）：美国作家和幻想社会主义者，通过其小说《回顾》宣传其政治观点。

4　布里格姆·扬（1801—1877）：美国宗教领袖。在摩门教创始人约瑟夫·史密斯遭暗杀（1844）后，他领导摩门教徒离开伊利诺伊州，到犹他州的盐湖城所在地，建立了新家园（1847）。

5　约翰·汉弗莱·诺伊斯（1811—1886）：美国宗教领袖，根据其至善主义和公社生活的信念，在纽约鄂乃德建立了一个试验性的社团（1848）。

6　尤金·维克托·德布兹（1855—1926）：美国劳工组织和社会主义领袖。从 1900 年到 1920年，五次竞选社会党总统的职位，均失利。

7　厄普顿·辛克莱（1878—1968）：美国作家和改革家。其小说《丛林》（1906）和《波士顿》（1928）表现了对社会正义的关注。

8　源自美国画家詹姆斯·阿博特·麦克尼尔·惠斯勒（1834—1903）的名句："艺术会发生——没有哪个小屋不受其影响。"

柏拉图认为，即使所有的婚姻法则都被废黜，结为配偶的男人与女人依然会彼此忠诚，警察对爱情关系干预得越少越好。

柏拉图至少在一个方面肯定是正确的：他倡导性别平等，宣称女人不应属于某个男人，不应被强迫去过某种令她厌恶的生活方式，不管是因为经济窘迫还是因为结婚。另外，她有权生儿育女，这完全是她自己的事，而向一位母亲发号施令，决定谁该做她孩子的父亲，这样容易培育出奴性的种族。

《理想国》的优生学在奥奈达公社试行了三十年，取得了真正的成功，但结果证明，公共婚姻的成功只能局限于一代人。对此，柏拉图现在只能在高高在上的极乐世界明了这一切，身为单身汉的他在人世间描绘梦想时，并未意识到这一点。

在他细分的劳动中，每个人都做自己最适合做的事，做自己最喜欢做的事。他认为，每个人都会有一个天赋，而要使用这个天赋，必须给他一个机会。现代人呼吁的"机会平等"可以追溯到柏拉图的声音。

即使在柏拉图的时代，修道行动也是一个很古老的东西。简单地说，修道冲动就是，当社会的压力变得过于强烈时，找一个避难所与世隔绝——从这个世界逃走，就此摆脱这个世界。当见习修士耗尽了自己犯罪的心力之后，就会发生这种现象，他想尝试追求圣徒的地位，希望获得新的刺激。

柏拉图对毕达哥拉斯的实验印象深刻，毕达哥拉斯实际上做了柏拉图只说未做之事。柏拉图此时找出了毕达哥拉斯哲学的弱点，并打算在想象中建造一个经得住时间考验的事物。

然而，所有的乌托邦，就像修道院和教养所一样，都是由挑选过的人组成的。奥奈达公社不是由普通人组成的，只有经过严格的测试之后才能获准加入。柏拉图虽然伟大，但他无法描绘出理想的生活计划，只能描绘出理想的人民。

留在劳动的世界里，分担所有的负担——不要求其他人在相同条件下没有的东西——不要认为自己特殊、独特，并能因此被免除、豁免——这是现在最有智慧的人的理想。我们对修道院制度或者一神论并不怎么相信，但我们对一元论非常有信心。我们相信人类的团结一致精神。我们必须一起进步。不管毕达哥拉斯、约翰·汉弗雷·诺伊斯和布里格姆·扬走在世界的前头，还是后头，这并不真正重要——重要的是，多数人都无法容忍他们。因此，他们的理想主义被遇到的危险所冲淡，直至变得阴沉、严肃、灰蒙蒙的，就像普通百姓的生活一样，随后在反复冲刷中萎缩、凋零。

私利对团体也好，对个人也好，都没有可能。我们只有通过推进人类的进步，才能帮助我们自己进步——我们只有在照顾整体的时候，才能感到快乐。人类是一体的，这就是一元论。

在这里，苏格拉底和柏拉图似乎有了分歧，因为苏格拉底一生中无欲无求，甚至连快乐也不想要。而柏拉图的愿望是安宁与幸福。不过，在柏拉图的哲学当中，正义的理想是至高无上的。

没有哪个作家在我们所称的"伯里克利时代"——美与理智的繁荣时代——像柏拉图那样施加了这么大的影响。紧随其后的哲学家大部分都受到他的启发与鼓舞。那些对他指责最厉害的，很自然地，是受益最多的。如果你教会了一个男孩写作，最大的可能性是，在他从老师那里挣脱，创办了自己的小小杂志之后，第一篇文章就是谴责那位教会他舞文弄墨之人。

色诺芬在智慧上受惠于柏拉图，超过其他任何人，但他非常苛刻地批评他的老师。普卢塔克、西塞罗[1]、杨布里科斯、普林尼、贺拉斯和所有其他的罗马作家都非常虔诚地阅读柏拉图的作品。基督教的教士们使他的作品保持活力，并把它们传给了但丁[2]、彼特拉克[3]，还有文艺复兴时代初期的作家们，他们的所有思想都用柏拉图的精髓进行了调味。艾迪生[4]非常巧妙地将这些著名的词句放到了大加图[5]的口中：

> 一定是这样——柏拉图，你说的道理真好！
>
> 否则是从哪里，来了这个愉悦的希望，这个天真的妄想，这个对不朽的期望？
>
> 否则是从哪里，来了这个秘密的恐慌，这个内心的战栗，担心一切化为乌有？为什么灵魂畏缩不前，回归自我，对毁灭感到惊恐彷徨？
>
> 是神性，它在我们内心搅扰；
>
> 是天堂，它为我们指出了来世的希望；

1　西塞罗（前106—前43）：古罗马政治家、雄辩家、作家。

2　但丁（1265—1321）：意大利诗人、现代意大利语的奠基者、欧洲文艺复兴时代的开拓人物之一。被恩格斯誉为"中世纪的最后一位诗人，同时又是新时代的最初一位诗人"。以长诗《神曲》留名后世。

3　彼特拉克（1304—1374）：意大利早期文艺复兴时期诗人、学者、人文主义的奠基者。他当过神父，有机会出入教会、宫廷，观察生活，追求知识，提出以"人的思想"代替"神的思想"，被称为"人文主义之父"。

4　艾迪生（1672—1719）：英国散文家。其作品诙谐优雅，多刊登于《闲谈者》及《旁观者》杂志。著有《加图》等。

5　大加图（前234—前149）：罗马政治家、军人及作家。

告诉人们什么是万寿无疆！

艾迪生时代的所有英国作家都知道他们的柏拉图，而大加图及将近两千年前的其他伟大的罗马人，他们也同样知道柏拉图。从柏拉图那儿，你可以证明，每个人的灵魂，都会有类似的自己的生活，就像圣方济所证明的那样，或者，你可以像休姆[1]那样，拥有自己的柏拉图，表明人只能影响自己，他的个人生活要回归大众，成为激烈搏动的众生的一部分，和花草树木、飞禽走兽一样起伏消长。如今，我们求助于柏拉图，终于找到了我们思想的支柱：此时此地，我们要好好活着，要达到我们的最佳与最高，这就是智慧的顶点。我们通过活着而准备生活。如果有另一个世界，我们最好为其做好准备。如果天堂是一个理想国，它应当建立在无私、真诚、互惠、宁静和合作的基础上，只有那些在此地拥有这些美德的人，才会在那儿自由自在。人生来应相互服务。极乐世界就是以这样的方式存在的。

柏拉图乃万师之师，就像曾生活在这个世界的其他伟大教师一样，他的灵魂永远在向前行进，为人师者即意味着影响别人，而影响永远不会消亡。让我们向柏拉图致敬吧！

---

1 休姆（1711—1776）：英国历史学家、哲学家。

阿尔弗雷德大帝

阿尔弗雷德大帝

KING ALFRED

阿尔弗雷德大帝（King Alfred，849—899），英格兰威塞克斯王国国王（871—899）。早年随兄抗击丹麦入侵者。在丹麦人入侵威塞克斯的危难之际即位。他退守山林，重整军队，于埃丁顿之战中击败丹麦军队，迫其议和并后撤。此后，他巩固国防，并积极扩充海军。数次率军击退入侵的丹麦军队，并于886年占领伦敦。在位期间，他颁布了奠定英国习惯法基础的《阿尔弗雷德法典》，重视文化教育，组织翻译大批名著，并编纂《盎格鲁－撒克逊编年史》。在阿尔弗雷德统治期间，英格兰在军事、外交、科学、文化、宗教等方面都有所发展。他被视为欧洲中世纪最杰出的君主之一。

一位从不迷信的圣人，一位从不自夸的学者，一位只为卫国而战的勇士，一位桂冠上从未沾染残暴的胜者，一位胜不骄、败不馁的国君——在英国的历史上，这个名字无人能比。

——弗里曼 *

---

* 弗里曼（1886—1953）：美国历史学家，曾获普利策奖。

阿尔弗雷德大帝
KING ALFRED

尤利乌斯·恺撒[1]，这位有史以来最有创新精神的伟人，有一个甥外孙叫恺撒·奥古斯都[2]。

罗马最为辉煌的时期是奥古斯都在位时创造的。奥古斯都说出了这句话："我接手了一个泥砖建造的城市，却留下了大理石建造的城市。"尤利乌斯·恺撒给时代带来的推动力，在奥古斯都那儿得到了保留。奥古斯都继续推进恺撒计划好的工作，但在尚未完成之前，他已经变得非常疲倦，而他表现出来的疲倦，也是这个国家的疲倦。在浮雕的骨架上可以看到石灰了。

奥古斯都曾说："罗马已经够伟大了——我们就此休息吧。"他的意思只是说，他已经到了自己的极限，建筑的道路足够多了。在帝国的边界，在每一条罗马道路的终点，都立了一位护界神的雕像。此神对走出国界的人发出祝福，对回到国界的人们表示欢迎，就像星条旗欢迎跨

---

1 尤利乌斯·恺撒（前 102 或前 100—前 44）：罗马将军、政治家、历史学家。
2 恺撒·奥古斯都，即盖维斯·屋大维（前 63—14）：罗马帝国第一任皇帝（前 27—14）。恺撒的甥外孙。于前 31 年打败马克·安东尼及埃及女王克利奥帕特拉，得到了整个帝国的统治权，于前 29 年称皇帝，并于前 28 年被授予奥古斯都（尊贵之意）称号。

洋回到美国的旅行者一样。而护界神也为这个世界，特别是为铁路界，提供了一个词语——"终点站"[1]。

恺撒在五十六岁时到了自己的终点站，死于"强制性疫苗接种"。[2]奥古斯都在七十七岁时，安详地死在床上。

奥古斯都在位期间，标志着罗马政权到达了顶峰，而顶峰是一个没有哪个人或哪个国家可以一直留驻的地方——到了顶峰之后，就要改变方向，从另一端走下来。

当奥古斯都建起界标，向全世界宣告这就是极限时，罗马的敌人又鼓起勇气，活跃起来。哥特人[3]一直逡巡在罗马的边界，他们学会了许多东西，其中之一就是，若要快速富裕，征服要比生产更为便捷。这些野蛮人中的一些人显然很有幽默感，他们把界标扛起来往里搬，最后干脆把它们整个儿打得粉碎。这有点儿像乡下小伙子，他们出去打猎时，会把铁路标牌打得满是洞眼。

在中世纪的时候，军人至高无上，他们以保护人民之名掠夺人民。而这个传统从未有人去加以破坏。

为了逃避战争的蹂躏，一些家族和部落往北迁移。欧洲南部的战乱和骚乱，使古斯堪的纳维亚人[4]在挪威、瑞典和丹麦定居，在荒野中安家，与天气和恶劣的环境搏斗，最终进化为一个强壮、健硕的民族。

在波罗的海的北岸，居住着古斯堪的纳维亚人。在南岸，则零散居

---

1 护界神英文为 Terminus，也是"终点站"的意思。
2 指前 44 年，恺撒遭以布鲁图所领导的元老院成员暗杀身亡。
3 哥特人：在公元初几个世纪侵犯罗马帝国的日耳曼人。
4 古斯堪的纳维亚人：中世纪斯堪的纳维任一民族的一员。

住着几个小部落或家族，他们在人数上不够强大，无法与哥特人作战，因此只能向哥特人求和，向他们纳贡——或者说被他们掠夺——经常被逼到快要饿死的状态。他们太穷，太微不足道了，罗马人事实上从未听说过他们，他们也从未听说过罗马人，除了在神话传说中。他们住在洞穴和粗糙的石屋里，捕鱼、打猎、饲养山羊、耕种粮食。大约在300年，他们得到了马，这是从哥特人那儿买来的，而哥特人是从罗马人那儿偷来的。

他们的政府是"民间大会"，这是新英格兰"镇民大会"的起源。任何法律都必须由所有人通过，在制定法律时，女人和男人有平等的发言权。

在整个部落的利益处在危急关头，需要做出重大举措时，一定要认真听从母亲们的意见，因为母亲不仅会为自己说话，还会为自己的孩子说话。母亲是家庭制造者。而英文中"妻子"（wife）这个词的原义是"织工"（weaver）；要尊重家庭当中这位发明、创造，既准备食物又准备衣物的成员，这是显著的条顿人[1]的本能。从强健的德国中产阶级中，还可以看到这种残留的本能，无论去听音乐会，还是到露天啤酒坊[2]，男人们都会带自己的妻子儿女一起去。在迁居的时候，男人们总是会带着全家一起迁移；而希腊人和罗马人则将自己的女人丢到一边。

南美曾是西班牙人的殖民地。印第安人和黑人同化了傲慢的显贵阶层，同时保留了自己与显贵相同的缺点。那些迁移到美国定居的德国

1　条顿人：古代日耳曼人中的一个分支，前4世纪时大致分布在易北河下游的沿海地带，后来逐步和日耳曼其他部落融合。后世常以条顿人泛指日耳曼人及其后裔。

2　露天啤酒坊：提供酒类的户外酒馆或与酒馆相邻的户外区域。

人——他们的家庭是自己的一部分。意大利人则会独自出行，目的是尽可能捞一把，然后回家。这是征服的一种变种。

在恺撒时代，那些来到布列塔尼半岛[1]的罗马人是男人。那些留下来"娶非利士[2]的女儿们为妻"的，是一些强壮的男人，他们在征服野蛮部落时习惯这样做。请注意这一点——他们不但没有把野蛮人或者原始人提升到自己的层次，反而沦落到他们的层次。孩子都以母亲的层次为基准。如同和印第安女人结婚的白人男人变成了印第安人，他们的孩子也成为印第安人。对黑人来说，这个法则同样有效。

条顿民族之所以能征服世界，是因为他们在迁移时总是带着自己的女人同行，精神、肉体上皆是如此。寓意似乎可以这样说：经济上、道德上和精神上取得进步的男人，是那些不把自家女眷丢在后面的男人。

当说起英国人，我们总是想到不列颠群岛。但最先的"盎格鲁人[3]之国"位于波罗的海的南岸。这是真正的"英国"，即盎格鲁人或盎格鲁人之国土。它的一边是朱特兰（今日德兰半岛），朱特人[4]的家园，另一

1　布列塔尼半岛：历史上的一个地区，原法国西北部一省，位于英吉利海峡和比斯开湾之间的半岛上。500年，被盎格鲁－撒克逊人驱逐出家园的不列颠人定居于此。1532年该地区正式并入法国。

2　非利士：巴勒斯坦西南的一个历史地区，位于从埃及到叙利亚的贸易路线上。在《圣经》时代，这个地区的城市形成了一个松散的同盟重地。

3　盎格鲁人：5世纪从日德兰南部迁到英格兰的日耳曼民族的成员，建立了诺森伯利亚、东盎格鲁和麦西亚三个王国，并同朱特人和撒克逊人形成了盎格鲁－撒克逊民族。

4　朱特人：日耳曼一族的成员，5—6世纪时入侵不列颠，定居在不列颠南部和东南部以及怀特岛上。

边是撒克逊[1]，居住着撒克逊人[2]。

"朱特人的家园"保留了下来，就在朱特兰，"撒克逊"这块土地依然标示在地图上，但"英国"整个躯体被搬到了一千英里外的地方。她原先的土地变成了被遗弃的农场，野蛮人在那儿争斗不休。

现在，英国以不列颠岛为补给基地或散发中心，已经渗透到全世界。在将加来[3]和多佛尔[4]分开的二十英里海域后面，她找到了安全与保障，就在这儿，她的头脑和臂力得到了进化与发展。因此就有了英裔美洲人、英裔非洲人、英裔印度人、英裔澳大利亚人和英裔新西兰人。就像土著的美洲印第安人、新西兰的毛利人一样，在"英国人"的步步进逼和坚持不懈之下，古不列颠人节节败退，被盎格鲁－撒克逊人所同化；而撒克逊人，也许和厉害的对手相比有点太斯文了，允许盎格鲁人领头。就像荷兰人、德国人、斯拉夫人和瑞典人移民的第二代被转换为英裔美国人一样，"英国"来的人融合了撒克逊人、古斯堪的纳维亚人、朱特人、凯尔特人和不列颠人，将他们固定在无法擦除的"英国"图章里。

显而易见的是，通过与各个民族的接触、融合和同化，英国人的个性得到了加强。在影响别人的同时，自己也得到成长。如果英国人只满

1　撒克逊：德国北部的一个历史地区，原是撒克逊人的家园，8 世纪被查理曼征服，后成为一个公国。由于分裂和重新划分，这一地区的边界最终向东南方向拓展，后来的撒克逊王国成为德意志帝国（1871—1918）的一部分。

2　撒克逊人：早期居住在德意志西北部的人，有些人于 5 世纪及 6 世纪时征服了不列颠而定居下来。

3　加来：法国北部的一座城市，位于多佛海峡同英格兰多佛相对。该城于 1347 年落入英国人手中，后 1558 年在被包围了 11 个月之后被法国人夺回。

4　多佛尔：与法国加来市隔岸相对的英国东南部城市，临多佛尔海峡。

足于自己的国土，固守在不列颠岛上，那她在此之前，就已经被西班牙或法国赶超或同化了。停滞不前即意味着退步。对个人来说如此，对种族来说亦是如此。英国的殖民地给了她自信、储备和稳定剂——同时也给她带来了足够多的麻烦，以防止出现革命、停滞不前或是反省。

国家也都有着自己的青年期、成年期和老年期。英国现在是否进入了衰老期？是否靠她的孩子们——殖民地维生？问这个问题可能有点失礼。也许，就像不列颠人、凯尔特人、朱特人和撒克逊人被融合进来，制造了坚强、勇敢、活跃和强健的"英国人"一样，英国人、荷兰人、瑞典人、德国人和斯拉夫人移居到美国，将融合成为一个可以赶超有史以来的所有种族的民族。在不列颠岛，就像在许多大城市一样，人们变得根生满盆、发展受限。在更新的土地上，根深深地扎进土壤里，找到了人类之树需要的所有营养。

围墙在把自己人关在里面的同时，也把其他人关在外面。不列颠岛四面环海，岩石嶙峋，将英国的敌人关在外面，却并没有把英国人关在里面。四面环海的国家出产航海家，而英国的独特位置，养育了使自己成为海上霸王的人民。当她的鼓声环绕世界敲响，向初升的太阳发出问候之时，她的灯塔在全球闪耀，向水手们提供保护，哪怕饥饿的海洋在岩石嶙峋的海岸等着他们。英国在浅滩发出回响，在岩礁上刻下印记，在海岸上留下图标。

撒克逊人首次定居不列颠，发生于 449 年。他们不像罗马人五百年前那样作为侵略者而来；他们的人数太少了，而且武器太粗糙，对黑皮肤、黑头发的不列颠人来说，构不成威胁。这些金发碧眼的陌生人被视为新奇事物而受到欢迎，被允许在此安家，建设自己的家园。消息传回撒克逊和朱特兰，于是更多移民者到这儿来。几年后，一整船的红头发、长着雀斑、黄褐色皮肤的盎格鲁人，带着他们的女人和孩子而来。他们带着信念和智慧耕种土地，而不列颠人从未有过这样的信念与智慧：这一点很像德国的移民者，他们紧跟那些拓荒者，在别人一无所获的地方发财致富。很自然地，金发少女们受到黝黑皮肤的不列颠人的青睐，开始谈婚论嫁。随着岁月的流逝，新一代的男孩诞生了。更多的盎格鲁人来到此地。一个世纪之后，从肯特[1]到福斯湾[2]的海岸，到处都点缀着来自波罗的海的人的农庄和家园。此时，原住民偶尔会进行抗议，于是争斗紧随而来，不列颠人在陌生人的进逼下节节败退，否则他们会很乐意谈谈条件——盎格鲁人终于安顿下来了。

但是，新的敌人出现了——古斯堪的纳维亚人或者说古丹麦人。他们是海上游牧民族，不承认任何人是他们的主人。粗野、大胆，嘲笑灾难，没有耐心建造、挖掘或者耕种，他们登陆只是为了抢夺、偷窃和损毁，然后回到自己的船上，扬帆远航，对他们造成的毁灭津津乐道、得意扬扬。

第二年，他们又回来了。盎格鲁人的勤俭节约使不列颠成为天国乐园，是一个肥沃的粮库，抢夺要比生产、创造容易得多。此时此刻，面对这个共同的敌人，不列颠人、朱特人、凯尔特人、撒克逊人和盎格鲁人一起联合起来，合力惩戒和驱赶这些侵略者。

灾难是一种福气——大多数灾难都是如此。不列颠人从十几个小王

---

1 肯特：英格兰东南部的一个地区。5世纪朱特人在此定居，赶走了原有居民并建立了盎格鲁－撒克逊七王国中的一个。肯特人后来成为麦西亚王国和威塞克斯王国的臣民。
2 福斯湾：苏格兰东海岸的一个大港湾，福斯河的河口。

国，一下子变成了一个统一的国家。选出了一名"首领"——一位盎格鲁人，有着有力的臂膀、清醒的头脑、湛蓝的眼睛和长长的黄色头发。他靠自己的人格和行为，赢得了尊敬。他的名字是爱格伯特[1]。

阿尔弗雷德大帝又称埃尔弗雷德王，于849年出生于伯克郡[2]的旺蒂奇。他是爱格伯特的孙子，埃塞尔沃夫的儿子，他的父亲是个平凡中庸之人。阿尔弗雷德精明过人，遗传了祖父的勇气与毅力。我们的某些朋友是对的，马克·吐温是错的——拥有一位好祖父，真的比拥有一个好父亲重要得多。

英国的文明始于阿尔弗雷德。如果你查词典，会发现"文明"的意思只是指"有礼貌"。也就是说，如果你是文明人，你会温和而不粗野，通过友好而令人信服的方法实现你的目标，而不是通过强迫、威吓和武力。

阿尔弗雷德是英国的第一位绅士，不要让那些爱开玩笑者加上"也是最后一位绅士"。不过，"文明人"并不一定彬彬有礼，"绅士"并不一定温文尔雅，这毫无必要，也话不对题——由此可见，字词本身是多么地无足轻重啊！许多"绅士"都只是假绅士。

阿尔弗雷德既彬彬有礼，又温文尔雅。童年时期，他被送到罗马，这样的移居生活使他受益匪浅。出众的人总是那些移居过的人：不出行的人没有远见。待在家中意味着生根满盆，没有发展空间。要不就往土壤底下搜寻色与香，要不就往上伸展，面向太阳。

1　爱格伯特（约770—839）：威塞克斯国王（802—839），英格兰统一后的第一任君主。
2　伯克郡：英国的一个郡。

大先生 GREAT TEACHERS

在离阿尔弗雷德时代到来的几年之前，一位基督教教士出现在爱丁堡，向惊讶的盎格鲁-撒克逊人讲述友善的耶稣的故事，天父派人来到人间，告诉人们，要爱我们的敌人，要温和、谦恭，不要粗暴，己所不欲，勿施于人。古条顿民族以前信仰的"大神"自然有许多好的地方，但现在他们准备接受更好的宗教了——他们有希望在死后享受安息与幸福的天堂。

基督教在遭受蹂躏、贫穷、屈服及迫害的民族中最能兴旺发达。勒南曾说，它是一个悲伤的宗教。原始基督教——行为的宗教——有着非常美好和纯洁的教条，神志正常的人都不会嘲笑它或是藐视它。

阿尔弗雷德的父母对基督教抱着神圣的热诚，允许其中一位教士带男孩到罗马去。他们的想法是，他应当成为教会的主教。

阿尔弗雷德的哥哥艾特尔雷德继承了父亲埃塞尔沃夫的王位后，古丹麦人蹂躏、洗劫了这个国家。多年来，这些掠夺成性的劫掠者，用这块土地的产出喂饱了自己的军队。此时，三分之二的国土在他们的控制之下。迫在眉睫的恐惧是，他们将完全征服盎格鲁-撒克逊人。埃塞尔沃夫在绝望中放弃了斗争，离开了人世。艾特尔雷德在战斗中倒下了。古希腊人在恐慌中，到处寻找能够抵抗波斯侵略者的最强壮的人，他们找到了亚历山大[1]；同样地，盎格鲁-撒克逊人找到了阿尔弗雷德这位温和而沉默的勇士。他只有二十三岁。从体格上讲，他纤细而修长，但已经和兄长一起作战四年，展现出了非同寻常的勇气。他有着与亚历山大

---

1 亚历山大（前356—前323）：马其顿国王。他统一了因敌对交战而分裂的希腊诸城邦，并征服了波斯、埃及和许多其他王国，直至印度的边界。

和恺撒极为相似的品质。他有着冷静、清醒和活跃的头脑，有着无敌的勇气。但他超越了上面提到的两位，因为他还有着一颗温柔、富于同情的心。

古丹麦人因过于自信而纪律松懈。刚开始阿尔弗雷德显然迷惑了他们，让古丹麦人误认为自己已经赢得了胜利。阿尔弗雷德软弱无力地攻击了一下，然后将军队撤退到了丹麦骑士无法追赶到的沼泽地。

肥头大耳的丹麦人进入冬季军营，大摆宴席。阿尔弗雷德制订了一个精密的作战计划，训练好士兵，和他们一起祈祷，使他们的心中只有一个想法，那就是他们将取得一场胜利。他们的确大获全胜。他们向丹麦人发出了出其不意的猛烈进攻，无人能阻，丹麦人还未来得及披上盔甲或是骑上战马，便已溃不成军。每一个胆怯的盎格鲁－撒克逊人现在都振作起来了——这是神的胜利——他们在为保卫家园而战——丹麦人节节败退。完成这一切，并不像我写的这样容易，但艰难困苦及灾难只是激发出阿尔弗雷德更多的聪明才智。他就像福吉谷[1]的华盛顿一样沉着冷静、满怀希望，而他的士兵们也同样地衣衫褴褛。他也像托马斯·潘恩[2]一样喊道："此时此刻，是考验人的灵魂的时候——感谢这个危险时刻，因为它给了我们机会，让我们证明，我们都是男子汉！"他把士兵们的情绪引导到了一个顶点，告诉他们，丹麦人要么将他们全

1　福吉谷：美国的革命圣地，是宾夕法尼亚州东南部的一个村子，位于费城西北部的斯凯奇尔河上。1777年至1778年为华盛顿冬季总部。1777年冬，费城陷落，华盛顿率兵在这里休整，冻死和逃跑的士兵不计其数，但同时华盛顿也重新训练了军队，过冬之后，重新和英军较量，最终赢得了独立战争的胜利。

2　托马斯·潘恩（1737—1809）：英裔美国作家和革命领导人。写了小册子《常识》（1776）为美国独立辩论，在英国出版《人的权利》（1791—1792）为法国革命辩护。

　　　　　　　　　　　大先生 GREAT TEACHERS

部杀死，要么就要滚蛋。既然丹麦人无法杀死他们全部人，丹麦人必须滚蛋。拿破仑二十六岁就被任命为总司令；同龄的阿尔弗雷德在不列颠南部同样至高无上——包括威塞克斯[1]和麦西亚[2]。

他围捕敌人，夺走他们的武器，然后举行一场培灵会，要求每个人走到前面，坐到忏悔板凳[3]上。没有证据表明，他强迫他们信仰基督教。但他们很乐意接受。阿尔弗雷德看来有着可与托里牧师媲美的说服力。丹麦人的国王古瑟姆曾亲自参与了洗劫，他被捕获后，接受洗礼成为基督教徒，阿尔弗雷德成为他的教父，给他取名艾斯尔斯坦，并委任他为主教。

丹麦人的领袖接受了基督教，这大挫了丹麦人的凶悍本性，和平紧随而来。阿尔弗雷德告诉士兵们，要用他们的战马来犁田。相互作战的两支军队现在联手合作修路筑桥，抽干沼泽地的水。其中一些丹麦人乘船逃走了，但许多人留了下来，成为这个国家的公民。丹麦人的姓名依然可以辨别出来。以送气音"h"开头的姓名，如赫伯特、赫勒特、哈伯德、哈伯斯、哈罗德和汉考克等，都是丹麦人的姓名，正是有了他们，才有了这个完全含糊不清的"h"音。而不列颠人的舌头依然咬不准这个音，它的发音规则是，把它放到需要发音的地方，然后就在那儿停下来。丹麦人叫盎格鲁人"亨格鲁人"，而盎格鲁人则叫名为亨利的

1　威塞克斯：英格兰南部的一个地区，是古代盎格鲁－撒克逊王国所在地。传说该王国由征服大不列颠的撒克逊人创建，国土最广时占据了英吉利海峡与泰晤士河之间的区域。

2　麦西亚：英格兰中部的一个盎格鲁－撒克逊王国。盎格鲁人于500年开始定居于此。在奥发统治期间（757—796）国力达到鼎盛。874年，王国被丹麦人推翻，并分裂成威塞克斯和施行丹族法的两部分地区。

3　忏悔板凳：置于培灵会前端供忏悔者或悔悟的罪人坐的板凳。

人"恩利"。

在挽救威塞克斯的同时，阿尔弗雷德为英国人民挽救了英国；因为正是从此之后，继任者们把威塞克斯作为一个中心，开始了重新夺回被丹麦人占领的英国国土的任务。

在阿尔弗雷德的统治下，开始了我们所了解的英国历史。我们通常把希罗多德[1]称为历史之父，同样地，我们把阿尔弗雷德时代的阿瑟尔称为英国历史之父，这也完全适当。英国最古老的书是阿瑟尔修士所作的《阿尔弗雷德传》。

阿瑟尔是他的传主的属下，而且深爱他的传主，毫无疑问，这使传记有着非常强烈的偏向。它的主要内容是正确的，偶尔在细节上会有些错误，多项被确证的资料证明了这一点。

在阿尔弗雷德的时代，国王的话就是法律。阿尔弗雷德非常谦逊，曾公开宣布，国王不是神，只是一个人，因此国王的法令必须在民间大会上获得人民的赞同。由此我们可以追溯到平民政府的起源，一位强大的统治者自愿放弃自己的一部分权力，交还给人民，在我的记忆中，这好像是唯一的一次。国王通常需要被修剪整理，而做修剪工作的是革命。通常的规则是，人们不会自愿交出自己的权力——必须强迫他们拿出来。

然而，阿尔弗雷德知道平民的心——他离普通百姓非常近。他和士兵们一起睡在地面上，和猪倌的家人同桌吃饭，和农民一起耕田。他

---

1 希罗多德（约前 480—约前 425）：古希腊历史学家，有"历史之父"之称。作品主要涉及波斯战争，系现知的叙述体史书的最早作品。

大先生 GREAT TEACHERS

的心和人民在一起。他不会高估普通人的头脑，但也不会低估他们。他对人民有信心，知道到了最后，权力和人民在一起。他并没有说："民众之声即神之声。"但他想到了这一点。因此他开始致力于教育平民百姓。他预测，将来会有这么一天，所有的成人都能够读书写字，所有人都会对政府有着深思熟虑的个人见解。

在英国的历史上，曾经有过一个令人遗憾的落后阶段。因为当时的英国国王们忘记了人的权利，不但没有努力去为他们的人民服务，反而搜刮民脂民膏，鱼肉百姓。他们认为这样才是统治百姓。乔治三世[1]就认为阿尔弗雷德是个野蛮人，总是带着居高临下的怜悯谈论他。

阿尔弗雷德引进了陪审团制度，尽管有事实表明，发明这一制度的并不是他。这个制度可以追溯到强悍的古斯堪的纳维亚人，他们不承认任何人是他们的主人，在那个无法无天的时代，对当时的人民来说，共同的愿望至高无上。事实上，陪审团制度来源于"私刑"或者"警戒会"的裁决。刚开始，在村子里，人们对罪犯听之任之，随后又将他的肢体扯成碎片，最后有了一定程度的审判，由选出的十二人委员会调查事件，然后宣布他们的裁决。

陪审团制度由海盗和强盗而始，但这一点并不会使其伟大有所逊色。也许我们还可以加上一句：自由也是自海盗和强盗而始。因为正是他们大声喊叫："我们不承认任何人做我们的主人！"

早期的希腊也有陪审团制度——苏格拉底就是被由五百名公民[2]组

1　乔治三世（1738—1820）：英国汉诺威王朝第三任君主，乔治二世的孙子。
2　应为五百零一个陪审员。

成的陪审团审判的。

但是，请记住这个事实，阿尔弗雷德是将陪审团制度引进英国的第一人。他有着绝对的权力，是唯一的法官和统治者。但在许多场合，他放弃了裁决的权力，并说："我觉得我不能审判这个人，因为我往自己内心看时，我发现自己充满了偏见。我也不会去挑选别人来审判他，因为在挑选的时候，我同样会有偏见。因此，就叫一百个人来吧，从中抽签选出十二人，让他们听一下指控，考虑一下辩护，他们的裁决就是我的裁决。"

我们有时候会说，英国普通法是建立在罗马法的基础上的，但我并没有发现阿尔弗雷德研究过罗马法，或者听说过《民法大全》[1]，又或者认为建立一个法学制度有什么价值。他的政府是最简单的政府。他尊重普通百姓的习惯、方式方法和风俗，这些就是普通法。如果某人有一条小路，他的孩子、父母和祖父母用过，那么这条小路就属于此人，阿尔弗雷德曾说，即使是国王，也不能把这条小路夺走。

对人民朴素的方式方法、习惯和天赋权利的尊重，表明阿尔弗雷德有着无比崇高的胸怀。伟人之所以伟大，就在于他有着博大的同情心。阿尔弗雷德有着丰富的想象力，把自己放到卑微之人的位置考虑。

英国人对法律、制度和秩序的热爱，可以追溯到阿尔弗雷德。耐心、慈爱、乐观及追求公平公正，这更是他的功劳。他自信、镇定、有着坚定的信念和永不衰弱的勇气。他和克伦威尔[2]一样虔诚，和华盛顿一

1　《民法大全》：6世纪东罗马皇帝查士丁尼主持编纂的一部法典。
2　克伦威尔（1599—1658）：英国军人、政治家和宗教领袖。于英国内战时（1642—1649）率领国会军队取得了胜利并处死了查理一世。

样坚定，和格莱斯顿[1]一样不屈不挠。在他身上，融合了学者和爱国者的美德，将实业家的高效与哲学家的智慧相结合。他的人品，无论是公众品格还是私人品格，都毫无瑕疵、无懈可击。他的整个一生，是为他的国家提供启蒙教育及慷慨服务的一生。

在奥古斯都的时代，有一种学问被认为比其他学问更重要，它就是雄辩术，或曰演说的艺术。雄辩家的工作就是说服别人，让别人信服。

公共论坛在野蛮人自然形成的村民大会或是祈祷仪式上会有作用。但在罗马，它得到了发展，被改良到了听不到公众声音的程度，尽管自诩的论坛依然存在。这些论坛被这个或那个政治派系的职业演讲家所垄断了。

这就有点像如今美国的政治"论坛"。

罗马最伟大的人，是那些能够发表最伟大的演讲的人。因此罗马所有的妈妈和夫人都让儿子学习雄辩术。塞内加[2]的父亲开办了一所演讲学校，富有的罗马年轻人被教会用洪亮的声音说话，用曲线做手势。他一定是一个非常不错的老师，因为他有着两位非凡的儿子，其中一位在《圣经》里提到，还有一位堪称模范的女儿。

如今，我们认为，雄辩术终究是一种毫无价值的艺术。首先需要的是有切身感觉——要发出一定的信息——如果你智力不差，身体健康，你就会让你的听众留下印象。但是受雇用去让别人留下印象，说的

---

1 格莱斯顿（1809—1898）：英国政治领导人。曾作为自由党人四次担任首相（1868—1874，1880—1885，1886，1892—1894），进行了教育和议会的改革并支持爱尔兰自治。
2 塞内加（约前4—65）：罗马斯多葛派哲学家、作家，尼禄的私人教师。作品包括关于修辞学和统治的论文和大量戏剧，曾影响了文艺复兴和伊丽莎白女王一世时代的戏剧。

是别人的话题，这样的人是讼棍，这一类人已经差不多走到尽头了。

历史循环往复，兜圈而行。芝加哥公共理事会厌倦了雄辩术，最近拒绝听受雇律师的讲话；每个公民都可以为自己说话，他的邻居也可以来到公共理事会，发表自己的看法。

首席法官富勒[1]曾发表看法说，将来美国会有这么一天，损害案件将由自动法庭审理，不需要律师的帮助。就像人们在邮局填写汇票单一样，只要他提起了损害赔偿诉讼，就会受到关注。支付酬金将会引发不良行为。另外，将来平民百姓或许能够直接来到衡平法庭前，无须理会法律、先例或是律师的托词和狡辩，它们经常会妨碍司法公正。审判应当便宜而简单，而不是昂贵且复杂。

显然首席法官想到了阿尔弗雷德大帝时代的做法，法庭律师只是法庭的雇员，他们的工作是要找出事实，并用尽可能少的词语告诉国王。

阿尔弗雷德认为，受雇的律师，甚至是受雇的法律顾问，都是不能容忍的，这样的人永远不能容许到法庭上来。如果法庭律师向提起诉讼的人收取费用，他将被剥夺律师资格。

不过，到了最后，收费的方法有了变更，为了恢复法庭律师的兴趣，必须容许收费。因为对我们无法压制的东西，我们可以许可。于是每个法庭律师的衣服背后，在双肩之间缝了一个口袋，如果不脱下长袍，他的手伸不进去，委托人被允许把自己能够负担的酬金悄悄地放进口袋。

---

1 富勒（1833—1910）：美国最高法院首席法官（1888—1910）。主张政府的权限必须从对宪法的严格解释中得到。

通常采用的委托人付钱给律师，而不是法庭的做法，在后来的数百年里没有实行，相反被当作一种有效手段，用于控制争讼、惩罚那些因为愚蠢而不能解决自己的麻烦的委托人。

在英国，律师服最初的口袋依然残留下来，就像大衣后面的纽扣，以前曾被用来固定剑带。

在美国，我们已经废弃了律师的假发和法衣，但律师依然被当作法庭的附属品，尽管按照波士顿德库希法官的说法，其中有一半人，大部分时间都在企图欺骗、迷惑法官和陪审团，挑战司法公正。同样地，我们还在用"庭"这个词，表明这个地方还是个"宫廷"，还住着皇家贵族，即使只是一间乡村司法官的邋遢办公室，满是锯末和痰盂这些小玩意，专利报告堆积如山，审判的过程都省去了。我们现在还是通常称这种地方为"法庭"。

阿尔弗雷德充满了教育世人的愿望，为此，他在牛津组建了一个学校，他的朋友阿瑟尔在那儿任教。这个学校就是牛津大学的前身。学校有一个附属农场，男孩们被教会用最好的方式播种、耕种和收割。他们还饲养、牧养马和牛，照顾牲畜是课程的一部分。这是第一所农学院。

看看我们现在是如何回归简朴的，真该有一点感到惊奇，农学院现在获得了它应得的细致的关注。二十年前，我们的农学院被认为或多或少是个笑话，现在它为国家增添了大量的财富，为人民增加了幸福与快乐，被认为值得我们支持，值得我们致以最崇高的敬意。

英国没有海军，直到阿尔弗雷德的时代。对政府来说，拥有自己的船只看起来荒谬可笑，因为人们到英国来是想定居的，并不想像古斯堪的纳维亚人那样做掠夺者，去剥削别人，去征服别人。

但阿尔弗雷德在打败丹麦人，丹麦人作为公民定居下来之后，留下了他们的船只，进行了整修，又建造了更多的船，他说："不会再有掠夺者在这些海岸登陆了。如果我们受到威胁，我们将在海上迎接他们。"

几年之后，来了一队抢劫的古斯堪的纳维亚人船队。负责瞭望的英国船只发出了警报，英国的海军全部出动迎接他们。敌人措手不及，五百年后西班牙无敌舰队¹遭遇的命运，他们最先品尝到了。

自那时至今，英国有了一支逐渐变得强大无比的海军。

不要以为阿尔弗雷德就此得到了安宁与休息。他的一生是战斗的一生，因为他不仅要与丹麦人作战，还要与国内的无知、愚昧和迷信做斗争。带领人们走出被囚禁的状态，这是一项无人感恩的任务。当你去除他们的迷信时，他们总是问道："那你拿什么给我们作回报呢？"他们没有意识到，迷信是一种病症，给他们另外一种病症作为回报，这样并无好处，没有必要，也不礼貌。

阿尔弗雷德去世时年仅五十岁，为了人民的福祉，他不停歇地进行教育、建造、计划，发明和改进各种方式方法，这些无休止的工作使他疲惫不堪、筋疲力尽。

---

1 西班牙无敌舰队：是西班牙国王为远征英国而组成的舰队。英国自 16 世纪中叶起，资本主义获得迅速发展，经常在西班牙殖民地进行走私贸易，拦劫西班牙船队，袭击西班牙殖民据点。西班牙国王腓力二世决意派遣大军远征英国。1588 年 5 月，由麦地纳·西多尼亚率领的无敌舰队驶离西班牙，舰队包括一百三十艘兵船和运输船，七千名船员和水手，两万三千名步兵。7 月 21 日至 29 日（一说 7 月底至 8 月初），在英吉利海峡遭到英国海军迎击，损失惨重，被迫绕道苏格兰返航。途经苏格兰北部海岸附近时，遭风暴，舰队几乎覆没。从此，西班牙的海上霸权被英国所取代。

他去世后，丹麦人取得了成功，克努特[1]成为英国的国王。但他很自豪被称为一名英国人，并宣称他不再是一名丹麦人。

就这样，英国俘虏了他。

接着来了诺曼人威廉[2]，他宣称有王位继承权，然后成功地通过战争夺取了王位；但英国人民还是认为"征服者"与自己血脉相连——是他们的亲戚朋友——他也确实是这样。他发布了一条法令，禁止任何人叫他或是他的属下"诺曼底人"或"诺曼人"，并宣布有一个统一的英国。因此他活着是英国人，死后也是英国人。自他之后，在这九百年间，没有谁是凭借征服坐上英格兰人的王位的。

克努特和威廉都认可和珍视阿尔弗雷德的统治。阿尔弗雷德的美德，是那些使得条顿部落横扫世界成为可能的美德。正是阿尔弗雷德教会了贵族们勤俭、服务、教育、耐心、忠诚、毅力以及坚守信念与希望。通过笔尖和舌头，特别是通过自己的一生，阿尔弗雷德传授了我们至今还珍视的真理。以此精神，汝可得胜！

1　克努特（约995—1035）：英格兰（1014—1035）、丹麦（1018—1035）及挪威国王（1028—1035）。其统治最初残暴，但后又以睿智和宽容而闻名，是许多传奇故事的主人公。

2　威廉（1027或1028—1087）：威廉一世（征服者），英格兰第一位诺曼人国王（1066—1087）。本为法国诺曼底公爵，1066年以继承的借口向英格兰开战，于10月击败英格兰国王哈罗德，随后加冕为英格兰国王。1072年入侵苏格兰，1081年入侵威尔士。他人生的最后十五年大多住在诺曼底，把英格兰朝政交给主教掌管，1087年死于诺曼底。

伊拉斯谟

德西德里乌斯·伊拉斯谟（Desiderius Erasmus，1466—1536），又译埃拉斯默斯，俗称鹿特丹的伊拉斯谟，中世纪尼德兰（今荷兰和比利时）人文主义思想家和神学家，16世纪初欧洲人文主义运动主要代表人物。伊拉斯谟是一个用"纯正"拉丁语写作的古典学者。他试图使古代的古典经文复兴，恢复基于《圣经》的朴素的基督教信仰，消除中世纪教会的一些不当行为，他的主要作品包括《基督教骑士手册》（1503）和《愚人颂》（1509）等。《愚人颂》强烈指责教会和贵族的腐败，嘲笑经验哲学家和僧侣们愚昧无知的空谈。他知识渊博，忠于教育事业，一生始终追求个人自由和人格尊严。

我们看过不少凡人，他们竭尽全力想效法神圣的美德，热情洋溢却收效甚微，他们陷入微弱而杂乱的喋喋不休之中，把话题变得隐晦难懂，使听众的耳朵不堪重负，空洞的词语和句子挤在一起，把一切欢乐的可能赶得无影无踪。那些试图拟出这一艺术原则的作者，他们大量使用冗词赘句，但除了暴露自己的黔驴技穷之外一无所获。

——伊拉斯谟《论布道》

伊拉斯谟

ERASMUS

伊拉斯谟出生于 1466 年，卒于 1536 年。同时代的思想家，没有谁像他一样影响了这个世界。他位于一个关键的支点上，有人说，他，就是文艺复兴的智力支点。

同时代的评论家一致谴责他——而这一事实，将他推荐给了我们。

有几个身居高位的教士之所以仍活在文字里面，只是因为他们辱骂过伊拉斯谟，将自己的名字与他的名字连在一起。就让评论家们振奋一下吧——他们可以逃脱被人遗忘的命运，哪怕他们除了吹毛求疵之外，什么也没做。只要他们足够"聪明"，对那些已套好马车、准备迈向伟大之路之人吹毛求疵，发出嘎嘎声、咳嗽声、嘘声和嗤之以鼻声。以这样的方式，他们也能走向不朽之路。伊拉斯谟是一位以自己为教众的教士，他通过嘲笑修道士找到了乐趣。另外，他也是同时代最有智慧的人。智慧是经过提炼的直觉知识的精华，通过经验进行确证。学问是另外一回事。有学问的人通常是深入探究、翱翔高飞之人，但也有少数人潜得很深，却只抓起来一些骨螺[1]。而那些翱翔高飞的人当中，飞回地面，告诉我们所见所闻

1　骨螺：一种盛产在热带海洋的海生骨螺属腹足类动物，壳粗糙而常有棘。

的，真是少而又少。就像拉撒路[1]一样，他们什么都不说。

伊拉斯谟有着幽默感。幽默是生命的保护者，当你跳入说教之海时，它可以帮你避免溺毙。不会哈哈大笑的神学家，非常容易突然爆发——他们非常危险。伊拉斯谟、路德、比彻尔、西奥多·帕克、罗杰·威廉斯和约瑟夫·帕克[2]——他们都会张口大笑。而加尔文、科顿·马瑟和乔纳森·爱德华兹[3]，从来不会对自己的妙语，或是别人的妙语，发出快乐的咯咯声，或是轻声大笑。

伊拉斯谟会微笑。他曾被称为那个时代的伏尔泰。卢梭与伏尔泰的关系，就是路德与伊拉斯谟的关系。狄德罗[4]说得很好：伊拉斯谟下的蛋，路德孵化出来。伊拉斯谟为有教养者、有修养者、有学问者写作——路德则吸引了普通平凡之人。

路德分走了教皇的权力。而伊拉斯谟认为这样做简直是场灾难，因为他认为，教派有争吵，会使人们对宗教唯一的本质——和谐——视而不见，会导致人们只是为了胜利而争斗不休。伊拉斯谟想做的，只是修剪教皇办公室的翅膀，锉锉它的爪子，而路德，则想把它整个消灭掉。伊拉斯谟认为教会是非常有用、必需的组织——因为社会。它可以控制生活和行为，使人们"体面一些"。它应当是一所道德伦理的学校，在所有的人类改良中起领导作用。人天生是合群的动物，教众聚集

1　源自《圣经》。拉撒路是《圣经》中的麻风乞丐，耶稣的朋友。他在死后第三天被耶稣从坟墓中唤醒。

2　这些都是著名宗教人士。

3　这些都是著名宗教人士。

4　狄德罗（1713—1784）：法国唯物主义哲学家、美学家、文学家、教育理论家，主编了《科学、美术与工艺百科全书》。

符合人们与生俱来的欲望。而聚集的理由是宗教——让他们聚会吧。天主教教会的历史绝不止两千年——它已经有一万岁了，因为可以追溯到埃及。耶稣的出生，只不过是教会历史中的一次精神错乱而已。

就在这一点上，伊拉斯谟与路德分道扬镳，路德是一个教条主义者，想就他的九十五条论纲进行辩论。而伊拉斯谟嘲笑所有的宗教争端，称它们为引入幻境的迷宫。很自然地，人们说他不够真诚，因为平庸的头脑永远不会知道，悖论才是真理。因此伊拉斯谟遭到天主教徒的仇恨，同时又遭到新教徒的谴责。

最奇异的是，那些戴着脚镣铁条的人，并未有目的性地跟随他。要是在五十年之后，他会被格杀。但在当时，罗马感到非常惊异，竟然还会有人批评自己，因此还回不过神来。此外，这个时代是大笑的年代、反抗的年代、智力竞赛的年代、较量的年代和爱情摩擦的年代，犯错的教士太多了，惩罚不过来。每个人都在忙着做自己的事。那可真是一段快乐时光啊！

伊拉斯谟是意大利文艺复兴的重要组成部分。在他的头顶上，闪耀着烫金的文字，也就是那个难忘的日子：1492 年。他是这场伟大运动的一部分，他促进了这场伟大运动的发展。每一次觉醒运动，每一次文艺复兴，都是一个怀疑的时代。保守主义的时代是苔藓的时代、地衣的时代、休养的时代、生锈的时代和毁灭的时代。我们只有提出疑问，才能成长、壮大。只要我们确认目前的规则是完整无缺的，我们就会把纽扣放到衣服的后面，而生活在这个时代的哥伦布、路德、梅兰希顿[1]、伊

1　梅兰希顿（1497—1560）：德国神学家及宗教改革领导人。马丁·路德的朋友，著作《圣经导论》（1521）是第一本对新教教义的详细著述。

拉斯谟、米开朗琪罗[1]、达·芬奇[2]和古腾堡[3]，却永远不会这样去做。和1776年[4]一样，1492年基本上是"不信教的年代"，就像如今这个时代正在积极打破旧习一样。我们正在拆掉谷仓，以建造更大的谷仓。铁路工人曾说："每天早上，在吃早餐前，我把一个引擎丢到垃圾堆里。"这句话说明了一个大道理：

我们正在丢弃差的东西，换取好的东西；再把好的东西丢掉，换取更好的东西。

鹿特丹因为是伊拉斯谟的出生地而享誉世界。在他生前，狂风暴雨般的诽谤瞄准了他，指责他的出生不合常规。"他根本就没有权利出生。"一位傲慢的高级教士说道，说完便将他的教士长袍围拢在他那受俸的躯体上。但是，灵魂会敲击生命之门，请求进入。事实上，只要一个人在这个世界上存活着，他就有理由在这个世界上生活。"私生"这个词，不是上帝的词汇。如果你不知道这一点，说明你还没有读过上帝的有益而有趣的作品。

各种各样的评论家宣称伊拉斯谟的母亲是一位王室夫人，或是一名内科医生的女儿，或是厨房使女，或是女修道院院长——都根据自己先入为主的偏见发表意见。从某种程度上讲，她肯定是位"女修道院院长"——就让谎言自生自灭吧。

1　米开朗琪罗（1475—1564）：意大利文艺复兴时期伟大的绘画家、雕塑家、建筑师和诗人，文艺复兴时期雕塑艺术最高峰的代表。
2　达·芬奇（1452—1519）：意大利文艺复兴时期最负盛名的艺术大师、科学家。
3　古腾堡（1398—1468）：西方活字印刷术发明人。
4　1776年7月4日，美国发表《独立宣言》，宣布独立。

事实上，我们并不清楚伊拉斯谟的母亲是谁。我们所知道的，只是她就是伊拉斯谟的母亲。在此历史踟蹰不前。她的儿子曾告诉托马斯·莫尔爵士，她在第一个孩子出生后几个月，和一个不幸的无名小卒结了婚，在严重不足的限量母爱和黑面包的帮助下，她含辛茹苦地带大了一大窝无名小卒，她很高兴可以就此忘记她年轻时的不检点。但父亲并不这样认为。人们是否真的拥有父母亲的爱，对这个争议已久的问题，在这儿能找到答案。

伊拉斯谟的父亲是格哈德·冯·普拉爱特，孩子的名字叫格哈德·格哈德斯——即格哈德的儿子。父亲是一位有产者，在政府担任公职。当这个耀眼的婴儿出生时，格哈德·冯·普拉爱特还未结婚。可以非常合理地推测出，他之所以没有和孩子母亲结婚，是因为她属于不同的社会阶层。不管怎样，婴儿被给了父亲的名字，这位小小的航海家享受到了所有的照顾和关注。父亲就像许多溺爱孩子的母亲一样愚蠢，因为他给这个失去母爱的孩子设想了伟大职业的梦想，并做出各种各样的预言。

六岁的时候，小孩正在学习拉丁文，而在这样的年龄，他本来应当去挖沙堆玩。八岁的时候，他会说荷兰话和法语，用希腊语和保姆争论乳酪的质量好坏。

在此期间，父亲结了婚，然后在一个体面的幽静地安居下来，成了一名受人尊敬的乡绅。另一种说法是他成了一名牧师。不管怎样，这个初生牛犊此时正独自走在去一所私立学校的路上。

小伙子十三岁时，父亲离开了人世，留下了一个遗嘱，为儿子做了很好的安排。根据遗嘱的内容，我们的主人公长大成人后能够获得的财产接近四千美元。

不幸却也幸运的是，资金的受托人是贪婪的恶狼。他们设法修改了遗嘱，向法庭说明，这个孩子是一个无家可归者，绝对没有任何法定权利。于是他被交给一所孤儿院，给他"正确的宗教教育"。这真是个奇怪的旧世界啊！如果格哈德·格哈德斯成为父亲的合法继承人，他会变成什么样的人，对此无从知晓。他有可能膀大腰圆，成为一名受人尊敬的市长。而事实是，他成了一名修士的帮手，为戴头巾的虔诚的高级教士们擦洗石头地板和搬运东西。

然后他为修道院院长做抄写工作，并证明了自己完全称职。

他个子瘦小，眼睛湛蓝，头发金黄，身材修长、纤细，有着长长的鼻子和清秀的容貌。"因为长着这样的鼻子，"阿尔布莱希特·丢勒多年之后曾说，"他成功地捕获到所有东西，除了异端之外。"

十八岁的时候，他成为一名修士，自豪地把金黄色头发剃掉。他的上司非常喜欢他，预言说他将成为一名主教或是一个大人物。

孩子们不会遭受太多、太久的痛苦。上帝对他们是友善的。他们滑进了某个环境之中，然后就接受了环境。这个男孩学会了闪避修士们光光的大脚丫——学习功课，偶尔会玩一会儿，用他的智慧挑战他们的愚昧，事实上赢得了他们的赞美——或者说，这些时而是修道者，时而是玩乐者的人给了他们能给的一切。

大约就在这个时候，有人嘲笑小伙子没有姓名。"我会给自己取个名字。"这就是他自豪的回答。

进入修士见习期后，他被允许取一个新名字，从此与俗世告别，旧的名字被完全遗忘。

他们称他为德西德里乌斯兄弟，即"理想的人"。于是他将这个拉丁名修改为对应的希腊名字，伊拉斯谟，字面的意思是"受人爱的人"。对他的家谱，或者说对他没有家谱的这个事实，他毫无必要地感到自豪。因为这使他与众不同。他有同母异父的兄弟姐妹，但他把他们看作陌生人。他们来看他的时候，他说："除了精神方面的联系，灵魂之间没有关联。"

他给一位朋友写信时，迸出了他智慧的火花："父母双全是常态，父母双亡是例外，只有母亲、没有父亲不同寻常，而我有过一个父亲，却从未有过母亲。我由一个男人一手带大，修士们给了我教育，所有这一切都表明，女人或多或少就是多余的创造物。上帝本身就是个男人。他有一个儿子，但没有女儿。小天使都是男孩。所有的天使都是男性，就《圣经》告诉我们的而言，天堂里面没有女人。"

然而，伊拉斯谟写这封信时，是写给一个女人的，因此泄露了这一点，他的这个看法并不是认真的。他是个爱开玩笑的人。虽然女人并未占用他太多的时间，但我们发现，他外出旅行时，经常改道，专程去拜访一些有智慧的女人——其他情况根本无法让他这样感兴趣。

如果你属于某个宗教组织，即意味着你要受其管制。你若寻求保护，即意味着放弃了自由。伊拉斯谟的灵魂反抗着修道院的生活。他痛恨传统的修士——痛恨他们的食物、他们的生活方式、他们的诡辩和他们的愚昧。他说，如果人们开始过上不自然的生活，那么变成贪吃者，把愚昧作为宗教的一种安慰，就是这个世界上最自然不过的事情了。美味佳肴，只能与男女同校的精神养生法相匹配。男人都喜欢用手从锅中抓食物，除非有女人在场，强迫他们体面一点儿。而如果有这种可能的话，女人单独在一起比男人单独在一起还要可怜。

通过模仿，人类获得成长。性别差异使男人和女人有了良好的举止行为。

人类追求权力的欲望使自己成为奴隶。伊拉斯谟写道："在修道院，没有谁有良好的行为举止，除非有人到访。不过有人告诉我，在家庭中也是如此。"

油腻、粗糙的食物，使得可怜的伊拉斯谟严重消化不良——他在生前从未停止过对此事的抱怨。他的身体过于高贵，任何修道院的水槽都无法满足它。不过，他在其他方面偶尔会得到补偿，有自己的发言权。有一次，他在一张卡片上印上了这样一句话："如果我拥有一个地狱，同时又拥有一个修道院，那么我会把修道院卖掉，然后住在地狱里。"就这样，伊拉斯谟为特库赛·谢尔曼将军[1]提供了他的著名演讲[2]的雏形。谢尔曼战前是巴吞鲁日[3]一所学院的教授，显然为了某种目的曾深入研究过拉丁古典文学。

和伊拉斯谟居住的修道院相连的地方有一台印刷机。我们多才多艺的年轻修士学会了印刷。他操纵墨球，调整杠杆，显然，他通过自己准备好的纸笔和雄辩的舌头，在一定程度上驱走了这个地方的单调乏味。当他写东西时，是为自己的耳朵写作的。所有的东西都通过大声朗读进行检验。当时，伟大的作家并没有印刷工那样英明或聪明，于是伊拉斯谟的任务是，对拿到手的文字的大部分内容进行润色。

1　特库赛·谢尔曼（1820—1891）：美国南北战争中的联邦军（北军）将领，以火烧亚特兰大和著名的"向海洋进军"而闻名于世。

2　谢尔曼将军在火烧亚特兰大时讲过"战争就是地狱"的名言。

3　巴吞鲁日：美国路易斯安那州首府。

伊拉斯谟通过写东西学会了写作。在当代散文作家中，他是第一个有着鲜明的文学风格的作家。他的语言轻巧、流畅、充满寓意。他写的段落都蕴含深意，充满了词典无法提供的韵味。这就是天才——完全超越了自己写出的字词。

如果伊拉斯谟再有一丁点耐心，再有一丁点手腕，他可能已经得到了一个主教的职位。他不吝笔墨、大加赞扬的东西——愚蠢，是引起他失败的原因，同时也是他的朋友。

二十六岁时，他是当地最好的老师、最聪明的学者。另外，在修道院这边，他被当作一个刺儿头，因为他拒绝把修道院当回事。他抗议说，没有谁是自愿当修士的——他是被那些不友好的亲属猛推进教会的，或者说是命运一脚把他踢进来的。

在坎布雷主教到来后，他突然迷上了舞文弄墨，想找一个年轻的修士帮他订正手稿。主教打算前往巴黎，寻找一些重要的历史事实，必须找一个能干的秘书。只有精通拉丁文和希腊文的学者才能胜任。修道院院长推荐了伊拉斯谟，就像当年阿尔特姆斯·沃德[1]推荐妻子的所有亲戚参战一样。

安德鲁·卡内基[2]准备前往欧洲时，对他的铁路制造商比尔·琼斯说道："当我登上船只，前往欧洲，桑迪胡克[3]的海岸逐渐消失得无影无踪

1　阿尔特姆斯·沃德（1727—1800）：美国独立战争时期将军，在波士顿包围战中指挥马萨诸塞州部队，直到乔治·华盛顿接替他的领导职位并将英军驱逐出城（1776）。
2　安德鲁·卡内基（1835—1919）：苏格兰裔美国工业家和慈善家，靠钢铁工业聚积了大量财富，并为公共福利捐款数百万美元。
3　桑迪胡克：美国新泽西州东部下纽约湾入口外的一处低半岛，该半岛将桑迪胡克湾与大西洋分隔开来，最早于1609年被发现。

时，我从来没有这样开开心心、无忧无虑，比尔。"

而比尔非常严肃地说道："卡内基先生，我可以代表我自己和工友们说句真心话，当你登上船只，前往欧洲时，我们也从来没有这样开开心心、无忧无虑。"

卡内基先生立即非常恰当地将比尔的年薪提高了五千元。

卡尔特会[1]的兄弟们假惺惺地流着眼泪与伊拉斯谟告别，但事实上，对他们来说，解脱的感觉超过了离别的感觉。

伊拉斯谟的旅行由此开始。

主教已人到中年，但在他的血液中有着骑士的冲动，这使得他更喜欢马鞍而不喜欢马车垫子。于是他们骑在马背上出发，主教在前，伊拉斯谟，主教的秘书，保持合适的距离跟在后面；再后面十步远的地方跟着一位仆人，带着驮篮，充作后卫。

喜获自由，而且能够骑在马背上面对这个世界！伊拉斯谟心花怒放，感激地进行祈祷。他说，这是他经历的第一次感恩的感觉，也是他经历的第一件值得感恩的事情。

他们就这样向巴黎前进。

伊拉斯谟转过头来，望了望修道院——他曾在这里度过了十年的艰辛岁月，它渐渐消失在视野中。

这是他所知道的最幸福的时刻。整个世界就躺在他的前方。

坎布雷主教给伊拉斯谟引入了一种全新的生活模式，伊拉斯谟对此非常适应。它的主要内容是四处旅行、获得荣誉、热情款待及物质上所

1　卡尔特会：11 世纪由圣·布鲁诺创建的一个提倡苦修冥想的教派。

有的好东西，而只需报之以得体的陪伴。所到之处的大门为这位好心的主教欣然敞开，他在每一处都受到热烈欢迎。他是位教士——这已经足够了。伊拉斯谟同享了这些欢迎，因为他相貌堂堂、玉树临风、伶牙俐齿，而且自制。

此时，欧洲到处点缀着修道院、女修道院和其他宗教机构。它们的遗迹如今依然可见——要想不看到尖顶，也真的很难。但教会独一无二的特权已经一去不复返了，在许多地方只剩下遗迹，而那些地方曾经是充满生机、忙忙碌碌的回廊、走廊、小礼拜堂、大厅和花园。

加州的"传教所"，是建立在欧洲修道院的总体规划基础上的。他们提供了过夜的住所——为旅行者提供一个休息地——是教育的辐射中心，至少是当时存在的所有教育。

在加州，这些"传教所"相隔四十英里远——也就是一天的旅程。在法国、意大利和德国，它们相隔十英里远。在到达传教所之前的地方，旅行者徒步跋涉，或是骑在马背上、坐在马车里，是一支独特的队伍，有男有女，有老有少。四处旅行、四海为家，这就是教会显贵的幸福命运。

教会机构的教区是可轮换的。通过迁移的制度，生活变得更惬意，还可以确保合理的诚实。我注意到，在多个城市拥有支行的欧洲大陆金融机构，经常轮换出纳。这个想法是从罗马学来的。罗马非常聪明——她的政策是几百年来世界智慧的结晶。教会好战分子发出的战斗口号"世界归于基督"，只是表明了人们占有的欲望，只是把基督作为一个幌子。如果真的要说有什么是人为的机构的话，那就是教会。它的欲望是控制人类，但神奇的是，通过对天堂的承诺、对地狱的威吓、对世俗权力——社会和军事上的特权——的紧抓不放，它被劝诱部分地放开权力。我们应当感谢萨伏那洛拉[1]、路德和伊拉斯谟，他们使我们获得自由。这些人更关心真理，不关心特权，他们的影响是打破僵硬的旧习俗，使人们思考。思想就是精神炸药。难怪教会总是害怕、仇恨思想家！

坎布雷主教不是思想家。后来就任大主教的费奈隆[2]使坎布雷主教永垂不朽。遵奉者死亡，但异教徒永生。他们是那些赎回十字架、使绞刑架变得光荣之人。

就这样，坎布雷主教和他的小小金发秘书逐渐迈向了声誉与财富之路——主教被人铭记，是因为他有这样一位秘书；秘书被人铭记，是因为他变成了一位伟大的教师。

在每一个逗留地，主教都会做弥撒——工人、学生和见习修道士停下手头的活，倾听这位大人物口中说出的勉励话语。偶尔，伊拉斯谟会被主教推到前头去说几句话，当主教需要个人祈祷的时候。聚集的朋友们喜欢这个年轻人——他聪明伶俐、充满智慧，而且从不说虚伪的话。他们甚至开怀大笑，就这样，在以前从未有过微笑的地方，有了两张笑脸。

他们悠闲地策马前行——有时，在饭菜丰盛、招待周到的地方，他们会停下来住几天。在女修道院和男修道院，总是留着招待大人物的客房，而且这些客房总是住满了人。

1　萨伏那洛拉（1452—1498）：意大利宗教改革家，多明我修道会的托钵修士。他有大量追随者，在1494年将美第奇家族逐出佛罗伦萨。后来因批评教皇亚历山大六世而被逐出教会并处死。
2　费奈隆（1651—1715）：法国大主教以及作家。曾教授路易十四的孙子，开创了引起争议的寂静主义思想，著有《泰雷马克历险记》，国王认为此作是对王室的讽刺。

因此可以说，每一所教会都是一种大学，课程怎么样，要看负责人或修道院院长的灵魂高度有多高。这些持续不断的旅行、漫游，取代了每日的报纸、西方联合电报公司和电话的作用。如果时间倒流，我真为自己担心，因为现在墨丘利神[1]只是通过长途电话联系别人，而不去亲自拜访——加百利[2]天使亦是如此。我们节约了时间，但错失了亲自接触的机会。

修道的冲动是建立在需要的基础上的。寻找一个避难所——在那里，简朴的生活、服侍及有益的努力占支配作用——来抚慰受伤的心，这样的想法永远不会从人们的心中消亡。收容所代表着热心款待，但我们现在只有旅馆和医院。

后者只代表着碘仿[3]、石碳酸[4]和甲醛[5]；而前者经常代表着黄金、灿烂、暴食和实实在在的自私，一边是痛风，另一边是轻瘫，而中间是布赖特氏病[6]。

收容所是修道院的一部分。它是无家可归者的家。在这里，你可以遇到有学问有智慧以及有头脑也有膂力的人。你走进去，很快就以此为家。不用付钱——你只需要给穷人留点东西。

只要谁有勇气，对人类有足够的信念，在美国建立起收容所制度，

1　墨丘利神：各路神灵的使者，其本身是商业、旅行及盗窃的守护神。

2　加百利：《圣经》中七大天使之一。

3　碘仿：一种淡黄色晶状碘化合物，化学式为 CHI_3，用作抗感染剂。

4　石碳酸：即苯酚，味烈、药性强的防腐剂和消毒剂。

5　甲醛：一种无色的气体化合物，分子式为 $HCHO$，是最简单的醛，用于制三聚氰胺和苯酚树脂、化肥、染料、防腐液剂和甲醛澄清水溶液中的防腐剂和杀虫剂等。

6　布赖特氏病：肾小球肾炎，一种肾脏疾病，以尿液中出现血清蛋白为标志。

他将收获丰富的奖赏。如果他对客人有足够多的信心，就像林赛[1]法官对他的坏男孩有信心一样，他将获得成功；如果他犹豫、拖延、怀疑，开始阴谋和策划，那么破产仲裁人将向他招手示意。

早期的大学都是自修道冲动而发展壮大的。学生来了又走，而老师是伟大巡回制度的一部分。人是有迁居习惯的动物。人的进化通过环境的变化而发生。移居使野草变成了玫瑰，所有温室和花园的植物的祖先都曾生长在篱笆里或是户外的田野上，因不友好的竞争而生长缓慢，或被粗野的脚步所践踏。

大学生活的优势即在于移居。把男孩从他的家庭环境中赶出来，切断他与家人的羁绊，让他面对新的脸庞，看到新的景色，听到新的说教，遇到新的老师，而他付出的努力将帮助他成长。亚历山大·洪堡[2]是对的——一年的大学时间要比四年的时间更安全。一年的时间会启发、激励你，而四年的时间则使你生根满盆，只会夸夸其谈，充满偏见。

未来的大学将变得工业化——所有人来去自由。所有人都将成为大学生，因此对这种想象中的能力的自豪感将被冲淡，被健康地淡化。努力工作、使自己有用——而不仅仅是死记硬背——这将是唯一的动力。

教授们将来可以互换流动，智慧庄稼的循环轮替，将为健康、和谐和高效出力。

1　林赛：美国法官。为因犯法而受审的青少年组建了青少年法庭。宗旨是不去惩罚他们做的事，而是追本溯源，找出孩子犯法的原因，并将其成因消除掉。林赛法官因此不得不违反法律，因为他违背了自己的就职誓言，拒绝针对某项违法行为，执行法律的特定惩罚。
2　亚历山大·洪堡（1769—1858）：德国自然科学家、自然地理学家、作家、政治家，近代气候学、植物地理学、地球物理学的创始人之一。

团体或是社团将是活动的单位，而不是家庭。社团曾是指为了共同的知识、宗教或是经济利益，而聚集在一起的一群男人和女人。我们将认同这种想法。

人是群居的动物，基督的奉献一切而获得一切的想法，在不久的将来会被发现是可行的。独霸特权的想法将被丢弃。

大学致力于有益的工作——艺术，从它的最高意义上讲：头、手和心——它将到处点缀这个文明的世界。收容所将回来，回到更高的层次，目前使用的"热情款待"这个词将被淹没在午后茶会中，被奶酪片塞住，被保姆焦虑的紧抓和女伴的巧计所挽救。建立在愚蠢沙粒上的社团将让位于普及性的大学，而强大、健康、助人、诚实的男人与女人的友谊和情谊将大行其道。

主教的目标是巴黎大学。

自荷兰骑马出发，消磨一段时间之后，主教和秘书终于在某个适当的时间抵达了。他们安顿下来，开始研究文学作品。在空闲时间里，伊拉斯谟逐渐熟悉了巴黎的美丽和神奇。眼前的任务完成了，主教建议回家，并理所当然地认为秘书就像一个固定物一样，会跟他一起回家。但伊拉斯谟对自身的价值有了新的想法。他的身边已经吸引了一小圈的学生，而他以自己热情的个性留住了他们。此时贫穷之誓言已经被看得很轻。不管怎样，贫穷是一个相对词。许多修士带着包裹徒步行走，但我们的伊拉斯谟不想这样做。他是"外表上的主教"。

坎布雷主教和伊拉斯谟分手时，为他想得周到，把自己骑的马送给了他。

伊拉斯谟经常在巴黎四周远足，带着一两名学生，并将他们视作仆人或随从。当时，教学大多数情况下是以独立为基础的，每个学生挑选自己的老师，然后直接付钱给他。

伊拉斯谟在巴黎的学生当中，有一位名叫蒙特乔伊勋爵的年轻英国人。他们俩建立了很深的友谊，当蒙特乔伊勋爵回英国时，伊拉斯谟陪同他一起回去了。

在伦敦的时候，伊拉斯谟以完全平等的身份与英国许多有学问的人相会。我们听说他在伦敦市长的家里赴宴，在那里遇到了托马斯·莫尔爵士，并与这位可敬人士进行了口头上的交锋。

伊拉斯谟似乎把"新人文主义"带到了英国。有人说，世界是于1492 年被发现的，而人是于 1776 年被发现的。这根本不是真正的事实，因为早在 1492 年，欧洲每一所大学都有一群研究神学科学的年轻人，他们正在复兴希腊文学，随之产生了人的尊严与价值的思想。伊拉斯谟把他天性的热诚带给了这场运动。也许他和其他人做得一样多的是，去煽动灰烬，将它煽成一股名为"改革运动"[1]的熊熊大火。

他经常嘲笑旧时代教士的苦修、迂腐、学究与肤浅，当新的问题出现时，他会问道："它里面有什么好处呢？"

每一样东西都被他从常识的角度进行评测。它为什么样的目标服务？是怎样为人类服务的？人类如何从中受益？

因此，人类的利益，而非上帝的荣耀，才是崛起的这一代人的口号。

伊拉斯谟在剑桥、牛津与伦敦进行演讲和授课。

---

1 即欧洲宗教改革运动，16 世纪欧洲新兴资产阶级以宗教改革为旗号发动的一次大规模反封建的社会政治运动。主要反对教皇通过教会对全国进行控制，以及天主教会内的骄奢腐化。

意大利曾是他旅行的目的地，但英国在一段时间内将他吸引过去。1500 年，伊拉斯谟在加来登陆，装好马鞍，然后向南出发。所到之地，他参观、写作、讲课、演讲。遇到新的人，看到新的景色，这样的刺激都有利于智慧的增长。

天才的修士把化缘当作一种艺术，而伊拉斯谟继承了这一阶层的大部分本能。他与信徒的联系，大部分是与贵族或有钱人的联系。他在提出要求想要得到什么东西时，不会有什么顾虑，不管是衬毛皮的斗篷、马鞍、高级骑马靴、马或是祈祷书。他不会做任何解释，而是把拿走他所需要的东西当作天授神权。另外，他认为自己也奉献了一切，这样就为拿走自己所需物品找到了理由。他为托马斯·莫尔爵士提供了"乌托邦"起源，因为伊拉斯谟一次又一次地描绘了一个理想的社会，所有人都有了足够丰富的东西，没有人会因为缺衣少食或是东西过剩而遭受痛苦——在这样的一个社会里，所有人，无论去哪里，都会把它们当作自己的家。

要是伊拉斯谟觉得应当在英国定居，那么肯定会人头落地，就像《乌托邦》的作者 [1] 的头颅一样。这样对待一个人的头颅，真是荒唐之至——竟然使它与人的躯体分离！

意大利像英国一样给予伊拉斯谟皇家般的热烈欢迎。精通希腊、罗马古典文学的人不是太多。大多数修士只能停留在写圣人故事的层次上，就像南美因为长期争斗而停滞不前一样。

---

1 指莫尔，他被以叛国罪之名斩首。他的作品《乌托邦》（1516）构想了一种理想政府之下的生活。

伊拉斯谟会装饰首字母、装订书本、给印刷工人提建议、给老师们讲课、讲授雄辩术和演讲术的课程，或者背诵《伊利亚特》[1]和《奥德赛》[2]的词句，为女士们提供娱乐。

他就这样来来回回地骑马奔驰，在城市和乡镇，在男女修道院逗留，直到英国、德国和意大利的所有学者都熟悉了他的名字。他博学多才、谦逊好学、诲人不倦、和蔼可亲、坦率真诚、机智诙谐，人们开始以伊拉斯谟为基准而产生分歧。他们分成了两派：一派是支持伊拉斯谟的，另一派则是反对他的。

1517年，路德走来了，并带来了反抗教会的炸弹。这种斗争的姿态完全不是伊拉斯谟的姿态——他的武器是词语。在与高级教士交锋的同时，路德也向伊拉斯谟发出了一些霹雳般的攻击，指责他优柔寡断、胆小懦弱。伊拉斯谟不失尊严地进行了回应，随后就正在革命中盛开的"新人文主义"，与路德的朋友梅兰希顿进行了长时间的论战。

伊拉斯谟预言说，通过简单的进化过程，通过教育，修道院将全部变成学校和工厂。他不愿意摧毁它们，而想把它们改变成不同的东西。他招致天主教徒的不满，并被亨利八世邀请到英国去加入新的宗教政权。但伊拉斯谟并不喜欢英国式的天主教。他的愿望是改革教会，而不是摧毁教会或是分裂教会。

他现在正处在一个危急关头：曾经欢迎过他的修道院现在害怕他的

1　《伊利亚特》：古希腊描写特洛伊战争的英雄史诗，相传为荷马所作。
2　《奥德赛》：古希腊两本仅存史诗中较新的一部，始于荷马记述但也合并了历代口耳相传的故事内容，描写希腊战士奥德赛在特洛伊城陷落后如何返回家园，并夺回伊萨基王位所经历的冒险与考验。

接近，以免受到牵连，卷入麻烦。有谣言说，这些修道院已经对他发出了逮捕令。他被邀请到罗马去解释他的立场。

伊拉斯谟知道最好不要承认收到这个逮捕令。他策马前往瑞士这块自由的土地。在巴塞尔[1]，他在伟大的印刷商、出版商福洛本的房子前停下脚步。他把马儿牵到马仓，卸了马鞍，然后说道："福洛本，我来投奔你了。"

前两天，我在一本有点零乱、脱节，但也蛮有趣的书——《标准词典》——中仔细搜索，这时，我发现了"草率"这个词。这是个很方便使用的词，我不是很有把握，但曾经有那么一两次，有人轻轻地把它朝我扔过来。谴责，通常是一种微妙的恭维，因此我并不感到难过。"草率"的意思是指简化程序、肤浅轻率、粗枝大叶、疏忽大意、漠不关心——也就是说，"随它去吧，管它呢——这样已经足够好了！"如果说世界上还有人会坚持细节，做诚实劳动的话，我就是那个坚持到底的乡巴佬。我经常把东西做得太过无可挑剔，以至于一万人当中只有一个人买得起，而最终，我只好自己留着它们。

你知道，如果你脑子里有了一个想法，你阅读的所有东西都会暗示这同一件事情。知识是有黏性的。我查找到那个快乐的词汇"草率"之后的第二天，正在读《伊拉斯谟趣文选》，突然我又遇见了这个词，不过是用荷兰语写的。此时伊拉斯谟已是一名成功的作家，他也是意大利、荷兰和德国在纸张、墨水、装订和一般制书等方面最有权威的人。他热爱学问，经常聆听词语的诱惑，因而从未在财富的泥潭中跌打滚爬

1　巴塞尔：瑞士北部的一个城市，位于莱茵河畔，是欧洲最古老的文化中心。

过。但在追寻思想的过程中，他感到其乐无穷。吉卜林曾说："没有什么捕猎能比得上对人的捕猎。"但吉卜林是错的——对思想的捕猎，比对人的捕猎严重一倍呢。伊拉斯谟追捕思想，很自然地，教士们追捕伊拉斯谟——从英国开始，穿过法国，来到意大利，然后在巴塞尔，他找到了避难所，和福洛本这位伟大的印刷商和出版商在一起。

在法兰克福，有一位印刷商兼作家，他没有能耐反击伊拉斯谟的问题，因此恼羞成怒地破口大骂。对这位法兰克福的舞文弄墨者，福洛本的校对员没有筛掉这些词汇，伊拉斯谟后来说他是个"草率的家伙"，因为他用的是廉价的纸、廉价的墨，页面空边密不透风。不久之后，这个词就传到英国，用来指代在质量、重量、尺寸和计数等方面欺诈的人。但这个词最先的意思只是指印刷商在空边方面做文章，在纸张方面搞欺诈。我们看到伊拉斯谟会模仿敌人的做法，在使用文学臭弹时身手不凡。他的词汇可以比得上马尔登的词汇了。他曾经骂一位评论家为"垃圾"，还骂另外一位评论家为"怪物"。也许他们的确是这样——我真的不清楚。

但作为图书业的权威，伊拉斯谟仍然值得一读。正是他，确定了标准的页边空白——上端的空白（天头）是订口空白的两倍，切口是上端空白的两倍，下端的空白（地脚）是切口空白的两倍。如果哪个印刷商敢和这个标准不一样，就会暴露自己对比例的无知。伊拉斯谟曾说道："使用糟糕的纸张，说明印刷商和赞助人的品位低下。"在伊拉斯谟去世后，福洛本的公司垮了，因为他们开始制造廉价的东西。"在质量上竞争，不要在价格上竞争。"这是伊拉斯谟的工作箴言。

当变得"草率"之后，所有伟大的图书中心都凋萎了。法兰克福那位可敬的作家，曾对伊拉斯谟破口大骂，他放弃了自己的事业，后来又放弃了自己的生命。伊拉斯谟给他写了墓志铭，并因此给了本杰明·富兰克林[1]灵感——"这里躺着一本旧书。它的封面无影无踪，它的书页残缺不全，书虫正在咬噬着它的命脉。"

做好工作的智慧如今依然适用，就像在伊拉斯谟的时代所起的作用一样。

对福洛本来说，伊拉斯谟被证明是一个非常宝贵的收获。他成为这个伟大的出版社的总编辑和文学顾问，当时它是全世界最重要的出版社。

除了编辑工作，伊拉斯谟还帮忙发表了多个文学界默默无闻的人士的作品，由于商业的原因，他的名字印在扉页上。

在那个年代及后来的两百年，将书归于哪个作者被认为是一件无关紧要的事。盗版盛行。所有印刷商都修改古典作家的作品，只要他们认为合适就行，他们还经常因此受到教会的特别奖励。大约在这个时候，有人把一些有关耶稣的段落塞进了约瑟夫斯[2]的文章中。16世纪，塔西佗[3]的《编年史》被做了类似的修改，也有可能是没有完整地印刷。值得铭记的是，在同时代的文学作品中，只有两处提到了耶稣，就是在约瑟夫斯和塔西佗的作品里，后来教会还自豪地提到了这一点。

1　本杰明·富兰克林（1706—1790）：美国官员、作家、科学家和印刷业者。作品《穷理查历书》成功后，进入了政界并在美国革命中起了重要作用，通过谈判说服法国支持殖民地，签署了《巴黎和约》并协助起草了美国宪法。
2　约瑟夫斯（约37—100）：犹太将领、历史学家。曾参加犹太人反对罗马人的起义。他的《犹太战争》是关于马萨达围困（72—73）的重要史料来源。
3　塔西佗（约56—120）：古罗马官员和历史学家，其著作《历史》和《编年史》记述了从奥古斯都之死（14）到多米提安之死（96）期间的史实。

在生命的最后几年，伊拉斯谟积累了相当多的财富。他留下遗嘱，将这些钱用于教育某些青年男女，他老朋友约翰·福洛本的孙子孙女，以及外甥、外甥女等。他没有依据教士的惯例，将钱财留给大众，在他生病时，没有教士服侍他。从去世前几年起，他就不再做忏悔，也很少参加教会的活动。他说："我作为一名印刷商，要比作为一名教士自豪得多。"

伊拉斯谟的一尊铜像装饰着鹿特丹的一个公共广场，而巴塞尔和弗莱堡[1]以同样的方式向他致敬，也为自己脸上增光。

为了展现伊拉斯谟微妙而锐利的文学风格，我附上以下摘自《愚人颂》的内容：

人生最幸福的时光是幼年和老年，而唯一的原因，在于这是完全受愚蠢控制最多、受智慧控制最少的时期。正是因为孩子缺少智慧，他们才那么迷人；我们讨厌早熟的孩子。女人之所以有魅力、有权威，就是因为她的"愚蠢"，也就是说她对冲动的顺从。但是，如果女人想要人家把她当成聪明人，她只会变得双倍地愚蠢，就像人们训练母牛上斗牛场一样，这样完全违反了自然本性。女人就是女人，不管她戴上什么样的面具，她应该为自己的愚蠢感到骄傲，努力把愚蠢用好。

难道丘比特，这位所有宗教的始祖，他不是完全瞎眼的吗？

他自己都无法辨别颜色，因此他让我们在判断所有谈情说爱

1　弗莱堡：德国西南部的一个城市，邻近莱茵河，位于黑林山边缘地带。是德国制造业、文化及旅游中心。

之事时，变得两眼昏花、头昏目迷，他哄骗我们，让我们觉得总是选择了对的。就这样，每个男人都粘住了自己的女人。补锅匠眼中只有那个妓女，钉鞋匠看上了挤奶女工琼儿，而看不上贵夫人的女儿。这些都是真实的事情，常常为人所嘲笑。但不管它们显得多么荒唐，只是因为有了它们，这个社会才变得稳固、团结。

我们还发现，命运之神总是青睐反应迟钝者，而驱赶走在前列之人。打击使愚人得到抚慰，用成功为他们的所作所为加冕；而智慧则使她的追随者变得羞羞答答、偷偷摸摸、藏藏掖掖、胆小如鼠，因此你经常发现，他们在经过艰难的变动之后变得不堪一击。他们必须与贫穷、寒冷和饥饿进行艰苦卓绝的搏斗，必须接受寂寞、轻视和漠然；而愚人则财源滚滚，不断加官晋爵，简言之，将整个世界都掌握在手心。如果有人认为，成为王室的宠儿、左右职位与升迁，是一件乐事，唉，这样的乐事绝对不能通过智慧获得。只要招致一丁点怀疑，那么所有努力都将付之东流。有人想为自己置办一套丰富的家产吗？

唉，如果从商者过于聪明，面对伪证踌躇不定，对谎言感到脸红，或者对欺骗和诈骗迟疑不决，那么他连一个子儿也得不到。

所有教士都获得了公共特许状，他们可以随意铸造或扭曲神谕，直到它们符合自己的想象，随意地把它们像帘子一样展开（就像造物主造天一样），合起来，再拉起来。就是这样，圣保罗[1]自己

---

1 圣保罗（Paul，拉丁文 Paolo，约3—约67）：《圣经》中初期教会主要领袖之一。原名扫罗（Saul，拉丁文 Saulo），悔改信主后改名为保罗。天主教教廷通常称其为圣保禄（St.Paulo），新教则通常称其为使徒保罗。他是将福音传给外邦人的使徒，也被历史学家公认是对早期教会发展贡献最大的使徒。他一生中至少进行了三次漫长的宣教之旅，足迹遍至小亚细亚、希腊、意大利各地，建立了许多教会，影响深远。

也装腔作势，胡乱找了一些引文使用，将它们扭曲成与原先的意图不同的意思，伟大的语言学家圣海尔龙曾承认这一点。这位使徒在雅典看到神坛上的碑铭时，他引用这些碑铭当作证明基督教宗教的一个论据，但他把这一句的大部分内容省略掉，也许是因为完整引用的话，会给他的目的带来歧义。他只提到了这几个字，即"致未知的神"，而即使是这几个字，他也做了些修改，因为完整的碑铭是："致亚洲、欧洲和非洲的神，致所有外国和未知的神。"

我可以向你保证，我们的年轻教士们以同样的方式进行模仿，在这儿略掉四五个字，又在那儿加上几个不曾存在的词，这样可以使每一个段落都为他们的目的服务；尽管从前文或后文连贯地看，真正的意思要么是太宽泛，要么与他们插入的东西或是强加的意思自相矛盾。教士们的技术如今变得非常"专业、娴熟"，律师们开始变得妒火烧心，因为教士侵入了原本专属他们的特权和职业。事实上，他们应该对证明这一切感到绝望，因为上述的注释者对圣路加[1]的一段文字所做的解释，不但与意思或地点不符，而且在性质上也相互矛盾。

……

现在有一些冷血的老人，他们沉湎于酒杯甚于女色，假装认为最大的幸福莫过于大张宴席、饮酒作乐。就算是这样吧，但可以肯定的是，即使是最为奢侈的娱乐，也必须加上愚蠢作为调料，这样才能品味到最为美味的佳肴。如果客人当中没有谁有足够多的自

---

[1] 路加：保罗的门徒，《圣经·新约》中《路加福音》和《使徒行传》的作者。

然的愚蠢，不能让其他人来取笑，他们就必须雇个搞笑的小丑，有了他的笑话逗趣、插科打诨和信口开河，才能使大伙儿哄堂大笑起来。要是嘴里品尝着美食，但眼之所见，耳之所闻，心之所惑，都没有加入笑谈、打趣和妙语进行调和，那么即使肚子里填满了各式各样的佳肴美品、山珍海味，这又有什么意思呢？它们就像是上的第二道菜，有助于消化，而喝醉后弄出鞋拔，把每个人都当成自己的手下，乱扔东西和四处闪躲，把酒杯倒个满杯，用一只手喝掉两杯酒，开始向女主人举杯祝健康，醉得狂呼乱叫，大声嚷嚷叫唤小提琴手，把每个人都拉出来跳舞，诸如此类的放纵狂欢——所有这些都不是希腊人教授、指挥的，而是由哥谭镇[1]的人教授、指挥的。而这些都是我的发明，由我开出了最好的健康防腐剂药方：每一样东西，它越是荒唐可笑，就越能受到欢迎。事实上，睡眼蒙眬地绕着世界慢跑，保持着忧愁悲哀的姿势，这样的人，确切地说，不能称得上是还活在人世。

1　哥谭镇：英国传说中的愚人村。

布克·T. 华盛顿

布克·T.华盛顿（Booker T. Washington，1856—1915），美国政治家、教育家和作家。原是奴隶，1865年获得解放，在工作中学会了读和写。十六岁时，他来到弗吉尼亚州汉普顿的师范和农学院（今汉普顿大学）接受教师培训，1881年，被任命为亚拉巴马州塔斯基吉学院（今塔斯基吉大学）的院长。在他的管理下，该校获得蓬勃发展。1895年，华盛顿发表了著名的亚特兰大演说，受到广泛关注，成为美国黑人的代言人。他和白人合作，创建数百个社区学校和高等教育机构，以提高美国南方黑人的教育水平。除此之外，华盛顿还大力促进美国各种族之间的友谊和工作关系。他的自传《超越奴役》于1901年首度出版，广为流传。

在人的天性当中，总是有着让人们回报美德的东西，不管是什么肤色的人，总是能找到他的美德。我也已经发现，它是可见的、有形的，在破除偏见时要走一段长长的路。亲眼瞥见黑人建造的漂亮房屋，这比数页纸的关于他应当建造、也许能够建造房子的评论，有着多过十倍的说服力。只要他能够做这个世界希望达成之事，他最终将迈步前进，不论他属于什么种族。

——布克·T.华盛顿

布克·T. 华盛顿

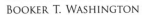

BOOKER T. WASHINGTON

这是关于一个黑人的故事。这个奇特的故事是真实的。此人出生于弗吉尼亚，父亲是种植园主，他的母亲是个黑奴，曾在市场上被卖过三次。因此，他也是一个黑奴。此人就是布克·T. 华盛顿。

布克这个名字是玩伴们给这个小伙子取的怪名，原因是他特别喜欢一本碰巧找到的、折了角的单词拼写课本[1]。在此之前，他只是妈妈的宝贝儿。"T"没什么意思，不过后来他一高兴就写成了塔利亚菲罗。

大多数刚刚脱离奴隶身份的黑人，一开始自己做主，就给自己取名叫华盛顿[2]；如果不用这个名字，就用林肯[3]、克雷[4]或者韦伯斯特[5]的名字。

而这个小伙子当时还是个孩子，有人突然问他的名字，于是他大声说"华盛顿"，这个名字就这样定下来了。

1　"布克"（Booker）与"书本"（book）的读音相似。

2　华盛顿（1732—1799）：美国第一任总统。

3　林肯（1809—1865）：美国第十六任总统（1861—1865）。在美国内战期间领导北部联邦，并在 1863 年解放南方的黑人奴隶。

4　克雷（1810—1903）：美国废奴主义者、外交官，曾任驻俄国公使。

5　韦伯斯特（1782—1852）：美国政治家、演讲家，两度出任国务卿，支持保存联邦政府。

男孩的父亲虽然是一个白人，但孩子是随母亲这边的，因此布克·T. 华盛顿是一个黑人，他为此感到自豪。而他的行为表现也的确符合黑人的标准，即使他的血统和家谱并非全然如此。

这个黑人的父亲被以一个 X 号代替。这位慈爱的父亲默默无闻，把自己名垂千古的唯一机会浪费掉了。我们甚至不知道他的姓名、他的社会地位或者他以前有过什么行为。我们假定他婚姻幸福、受人尊敬。但其实并没有关于他的传说，也没有关于他的寓言。至少他的这个孩子，我们不清楚是出生于 1858 年还是 1859 年，也不知道他的出生月份或日期。彼时，东边[1] 也并未出现什么神迹。

母亲住在只有一间房的小木屋里，大约有十英尺宽，十二英尺长。房间同时兼作厨房，因为母亲要给雇主的农场工人做饭。小屋没有窗户，没有地板，只有坚硬的黏土地面，和一张桌子、一条长凳、一个大火炉。没有床，孩子们晚上只能蜷缩在屋角的一堆稻草和破布里。毫无疑问，他们有足够的食物，因为他们可以吃"富人"餐桌上掉下来的碎屑——顺便说一句，这些"富人"其实也并不怎么富裕。

黑人婴儿布克最早的回忆之一，是半夜三更被母亲弄醒吃炸鸡。请想象一下这个画面吧——已经过了半夜，房间里暗无灯光，只有那跳跃在椽子上面的长长的、闪烁的斑纹。屋外面，狂风吹奏着悲哀叹息的乐曲。角落里，蜷缩着紧紧挤在一起蠕动着的孩子们，他们手臂交叉在一起，靠自己小小的半裸身体相互取暖。

在黑暗中，母亲快速而灵巧地走过来，对自己的行动半带害怕。

---

1 《圣经》预言称再来的耶稣基督降临在东边。

她从夜幕中走进来，竟然带着一只鸡！她是从哪里搞到的？嘘！

你想想看，这样一个受尽压迫的黑人，她是从哪里搞到鸡的？

她抓住鸡，把煎锅准备好，就着煤块烤好。当按照马里兰风味的做法烤得差不多的时候，这位充满了母爱的母亲——母爱是上帝从来不会省略的原料——摇醒每一个小小的黑人孩子，递给他们不被允许享用的美食——鸡腿、鸡叉骨、鸡胃、鸡白肉，或者是穿越篱笆的那一部分东西——除了鸡脖之外的所有东西。

羽毛、骨头和渣子被扔进火炉，村里的编辑所称的"吞噬元素"消灭了所有的犯罪痕迹。然后所有人都躺下来睡觉，直到微弱的粉红色光线进入东边，欢乐的白天踮着脚尖儿站到了山顶上。

这位前奴隶还记得一个奇特而难受的时刻，种植园所有的黑人都被通知到"大房子"那儿集合。他们来了，成群地站在那儿，等待着，猜测着，低声聊着。主人走了出来，他站上大阳台以颤抖的声音宣读着一张纸上的内容，然后说，他们都自由了，并和每个人都握了握手。所有人都哭了起来。不过，虽然泪流满面，他们还是非常高兴，因为自由对他们来说意味着天堂——休息的天堂。而对他们的前主人，他们只有爱。

大多数人开始离开——他们觉得应当离开原来住的地方。几天之后，聪明一点的都回来了，和以前一样开始工作。布克的母亲只停了半天工。

没过多久，她丈夫回来了——几年前和她结婚的一个黑人，被卖到很远的地方去了。现在他回来，带着他和她的一小窝孩子，全家人向西弗吉尼亚进发。他们听说，那儿有人雇黑人在煤矿干活，并支付工钱。

他们往前赶路。他们将所有的财产捆成包裹。没有马，也没有母牛，没有马车，他们一直徒步前行。如果天气晴朗，他们就在露天睡觉；如果下雨，他们就找一个烟草棚，或是谷仓，或是秸秆堆较好的那面。至于食物，他们随身带着一些玉米粉，母亲会就着营火的灰烬做玉米饼。沿路上，一些友好的黑人往粮袋补充了一些东西，因为黑人对挨饿和贫困的人总是非常慷慨大方，只要他们有这些东西。有时，造物主会为迷路的小鸡找到路，就像犹太人在荒野里以鹌鹑为食一样。有一次他们抓住了一只负鼠——真是一次难得的盛宴，孩子们吃得肚皮滚圆，像鼓一样绷着。他们终于到了西弗吉尼亚这块乐土，在查尔斯顿[1]附近的梅顿小村，他们停了下来，因为这儿有煤矿和盐厂，黑人可以在这儿找到工作，挣到真正的钱。

布克的继父找到了一份工作，又给小布克找到了一份工作。他们身无分文，只能等待发薪日的到来，于是拥有煤矿的那位好心人允许他们赊账，拿走商店里的东西。这完全是种新体验——毫无疑问，他们买了一些并不需要的东西，因为这些东西的价格和价值完全超出他们所料。他们不知道自己能拿到多少工资，也不知道如何计算他们购买的东西值多少钱。于是，当发薪日到来的时候，他们还欠着债，看不到真正的钱——因此，小布克在他生活的这段时间里，从未见到过真正的钱。

路易斯·罗夫纳[2]将军拥有盐厂和小布克工作的煤矿。他严厉、严

---

1 查尔斯顿：美国西弗吉尼亚州的首府和最大城市，位于该州中西部。

2 路易斯·罗夫纳（1797—1883）：美国政治人物。曾任弗吉尼亚州议员。南北战争爆发后，弗吉尼亚分裂为西、北二州，他被晋升为美国陆军少将，负责美联邦政府西弗吉尼亚州的军事防守。南北战争后，负责卡纳华河流域的水坝工程。退役后的路易斯·罗夫纳弃军从商，投资制盐厂和煤矿场，后出任西弗吉尼亚州众议院议员，同时也是其老家查尔斯顿市的民间领袖。

肃、严格。但他相信，黑人都是人，而当时有一些人反对这种看法。

罗夫纳将军为他的帮工们建立了一家夜校，让他的簿记员教课。此时在附近没有一个黑人能拼写出"猫"字，更不必说自己的名字了。有一些人仅能数到五。大约十岁的时候，有一天，布克吹牛说自己数学方面有点才能。工头让他数数从煤矿运出的煤的担数。男孩勇敢地数了起来："一，二，三，四，哒儿（那儿）又来了一够（个），哒儿又一够，又一够，又一够，又一够！"

工头大笑起来。

男孩感到羞愧，接着又有点懊恼。"送我去上夜校，过一个月我就会告诉你如何数数！"

工头给男孩写了一道批准，允许他上夜校。

但此时出现了另一个难题——男孩晚上要工作到九点钟，最后一小时的工作是打扫办公室。而夜校从九点开始上课，离办公室有两英里路。

小伙子抓耳挠腮，想了又想，突然有了一个伟大的想法——他可以把办公室的钟往前调半个小时。这样的话，他可以在九点钟离开办公室，跑步过去，就可以在真正的九点钟准时到学校。

这个计划奏效了两天，然后办公室的一位职员说，有幽灵乱调钟的时间。他们想出了一个办法，把装钟的箱子锁了起来，然后什么事都没了。

布克当时大约十二岁，马上就到十三岁了。有一天，他仰面躺在煤堆上，用脚拨弄着碎煤渣。这时，他无意中听到两个男人谈论一个非常出色的学校，黑人可以在里面学会写字和计算——而且还能学会公共演讲。学校还允许学生在部分时间劳动，以这样的方式付清膳食费用。

小伙子在黑暗中往前爬近了一些，认真地听他们聊天。他听到了"汉普顿"和"阿姆斯特朗"的名字。"阿姆斯特朗"是不是地名？"汉普顿"是不是人名？他搞不清楚，但他认真地记下了这些名字。

那里有一个为黑人设立的学校——他一定要去那里！那天晚上，他把这个事情讲给母亲听。她笑了起来，拍了拍他长着鬈发的脑袋，纵容他天马行空地梦想。

她只是个贫穷的黑人妇女，连 ABC 都不会拼写，数数的话数不到十，但她给儿子订了一个计划——将来有一天他将成为一名牧师。

这是她能想象出来的最高梦想——做一名牧师！没有比这更高的成就了。小伙子干了十四小时的活才能去夜校上课。他坐在长凳上，脚在离地大约一英尺的地方摇晃。有一天晚上，他坐在那儿，拼命地想汲取知识，但他睡着了。他打了盹，又打起精神，接着又打起盹，然后整个人向前倾倒，跌成一堆，倒在地面上。全班哄堂大笑，而他自己则羞愧不已。

第二天，正当他为自己的糟糕经历感到难过的时候，他听说罗夫纳夫人想找一个男孩在大房子做杂务。

这是一个机会。罗夫纳夫人是个佛蒙特州[1]的北方人，这意味着她对污垢有着特别的嗅觉，而且不会容忍"无礼的黑鬼"。她已经声名远扬，说她是如何捏"帮工"的耳朵，如何在某个特定的时间就叫他们起床，要求他们至少每天使用一次肥皂和水，甚至强迫他们使用牙刷——

1　佛蒙特州：美国东北部的一个州，与加拿大接壤，于 1791 年成为美国的第十四个州。

所有这些历史被描述得非常详细。

布克说，他可以使她满意，即使她是个北方人。他提出了申请，并得到了这份工作，工资固定为每周一美元。罗夫纳夫人承诺每周可以再加二毛五分钱，如果他干活时不回嘴，而且不会打碎盘子。

"天才，在哪个小屋里都会出现！"惠斯勒曾说。

天才在于，不用被告诉超过三次，就能把事情做好。

布克默默地研究这个可怕的北方女人，看她真正想要什么。他最后判定，她希望她的仆人有干净的肌肤，相当整洁的衣服，做事麻利，完成工作，无话可说时要保持沉默。

他下定决心使她满意——也终于让她满意。

她借书给他读，给了他一支铅笔，教会他如何用钢笔写字而不会把墨水弄到脸上和手上。

他向她讲述了自己的梦想，并询问有关阿姆斯特朗和汉普顿的情况。她告诉他，阿姆斯特朗是人名，汉普顿是地名。

最后他获得了她的同意，离开此地，前往汉普顿。

出发时，她给了他一把梳子、一支牙膏、两块手帕和一双鞋子。他已经为她工作了一年之久，她想，他当然把工资攒下来了。但他从未告诉她，这些钱都用来养家糊口了，因为继父参加了罢工，丢掉了工作。

于是男孩出发，前往汉普顿。它在五百英里之外。他不知道五百英里有多远——也没有人知道有多远，除非他走完这五百英里。

他带了三美元，高兴地在驿站买了个座位。第一天结束的时候，他已经离家四十英里远，同时已身无分文。他在一个谷仓里睡觉，一个黑人妇女从厨房窗户递给他一块火腿骨和一大块面包，然后把脸别到一边去。

他步履艰难地向东前行——一直往东前行——向着太阳升起的地方前行。

他走了几周——几月——几年，他想是这样。他没有记录天数。为了节约，他光着脚走路，把鞋拿在手里。

最后，他把鞋子以四美元的价格卖给一个人，即付一毛钱，那人承诺在汉普顿相遇时再付其余的钱。将近四十年过去了，他们再也没有见过面。

他继续往前走——不断地往东方走，一直往东方走。

他到了里士满[1]市，这是他见过的第一个大城市。宽阔的大街、人行道、街灯使他入迷。这里简直就像天堂。但他饥肠辘辘、身无分文，他渴望地看着一个街头小摊上的冷烤鸡肉，询问鸡腿要多少钱，同时说明自己没有钱，这时他发现他根本就不在天堂。他被骂作"懒惰的黑鬼"，并被要求滚开。

后来他才知道，"黑鬼"是指一个没有钱的黑人。

他紧了紧自己用作腰带的那根绳子，在没人看见的时候，爬到一个人行道的下面，进入梦乡。打扰他睡梦的只有上面沉重的脚步声。

醒过来之后，他发现自己就在码头附近，一艘大船将船首斜桅直推到街道上。人们正在从船上搬袋子和箱子下来。他跑过去，问大副是否需要帮手。"是的！"大副粗鲁地回答。

他站到队伍中间，在重压下摇摇晃晃。

1　里士满：美国弗吉尼亚州首府，位于该州的中东部，彼得斯堡以北的詹姆斯河畔。

他个子小，但身体强壮，更主要的是，他很乐意去干活，但他扛东西时感到天旋地转。

"你吃早饭了没有？对，就是你，褐色的男孩——你说，你吃早饭了没有？"

"没有，先生。"男孩说，"昨天晚上没吃晚饭，昨天中午也没吃中饭！"

"噢，我看出来了。你拿上这二毛五分钱，到那个摊子，去买一个鸡腿、一杯咖啡，还有两个油炸糕！"

小伙子不需要催促。他把钱攥到手掌里，向那个人走去，前一天晚上，那人还叫他"懒惰的黑鬼"，他把银币给了那人，挑选了一块鸡肉。

那人急忙招待他，并说今天是个好天气，祝愿他一切都好。

终于到了汉普顿，这个黑人男孩，这个徒步走完这漫长而疲倦之路的男孩，羞怯地站在一座巨大的砖楼建筑之前——他知道，这，就是汉普顿学院。

他是如此渺小——而这个地方是如此之大——他有什么权利要求进校学习？

最后，他壮着胆子走了进去，用尽可能镇定，实际上却是颤颤巍巍的声音说道："我来了！"并指向他山胡桃树色的衬衫的胸襟。

一个北方女人示意他坐到一把椅子上。来这儿的黑人数都数不清。通常他们都想过上理想的生活。他们想将来能布道——而女孩子想成为音乐老师。

测试很简单，但很严格：他们愿意，或者能够做好一件有用的事情吗？

布克坐在那儿，等待着，并不知道此时他们正在测试他的耐心。

随后，普里西拉小姐用生硬的声音说道，她"猜想"毗邻的背诵室需要清扫和擦灰。她交给布克一把扫帚和一块抹布，指了指那个房间，然后就离开了。

啊哈！她真是不了解我们这个小伙子。这个黑人男孩不禁偷笑起来——扫地和擦灰就是他的专业啊！——他已经从一个来自佛蒙特的北方女人那儿学会了这个手艺！他微笑起来。

然后他开始打扫房间——把每把椅子、每张桌子都挪开了。他给每个家具擦了四次灰，把横档擦得锃亮，并靠手和膝盖支撑，趴着擦好了地板。

普里西拉小姐回来了——她把桌子挪开，立即发现下面并没有藏灰。她拿出手帕，擦了擦桌子上面。

她转过身来，看了看这个男孩，她的微笑正好迎上了他拼命压住的胜利微笑。

"你能行。"她说道。

塞缪尔·C.阿姆斯特朗是汉普顿学院的创始人，可以称得上塔斯基吉[1]学校的"太祖"。他是个白人，曾经在南方英勇作战，战功赫赫。

他似乎是在南北战争即将结束时清楚地意识到另一场战争即将开始的唯一的北方人。真正的敌人并没有被镇压下去，这些敌人是无知、迷

---

1 塔斯基吉：美国亚拉巴马州东部城市，位于蒙哥马利以东，是布克·T.华盛顿任职的塔斯基吉学院的所在地。

大先生 GREAT TEACHERS

信和无能。

从奴隶身份获得自由的四百万人，他们处于非常可悲的处境之下，被迫自谋生路，没有责任感，对这个巨大变化还没有做好心理准备——这意味着另外一种奴役。

阿姆斯特朗将军的心和他们连在一起——他打算向他们说明，怎样才能变得有用、有助、自立、健康。对南方的白人，他只有高度的尊敬和友谊。他比其他人更知道，他们是如何遭受战争之苦的——而且他也认识到，他们是为自认是正确的事业而英勇作战的。在他的心中，没有仇恨。他下决心奉献自己——他的生命、财产、智慧、爱，他的一切，用于建设南方。他以预言家的远见看到，懒惰和傲慢是真正的敌人，对白人如此，对黑人也是如此。必须教会黑人如何劳动——让他们知道人类劳动的尊严——为社会服务——通过帮助别人而帮助自己。他意识到，并没有什么卑微的工作——为人服务的工作都是神圣的。

正是这个人，在这个不知名的黑人男孩布克·华盛顿的内心播下了真理的种子。阿姆斯特朗的口号也是："不要怨恨别人，而要对所有人抱仁慈之心，让我们完成上帝交给我们的工作吧！"

对这个教育的课题，我不是特别了解。但我相信，我所知道的和大多数人一样多。我拜访过美国和欧洲的一些知名学院，对预科学校和高中，我非常熟悉。我知道城市里的夜校、特殊儿童学校、残疾人学校、监狱学校、手工课学校，以及 G.斯坦利·霍尔[1]、约翰·杜威[2]和其他十

1　G.斯坦利·霍尔（1844—1924）：美国心理学家，1882 年在约翰斯·霍普金斯大学建立了心理学实验室，创建儿童心理学，对教育心理学影响极大。
2　约翰·杜威（1859—1952）：美国哲学家，教育家，哲学实用主义的倡导者。

几位伟大的美国男人和女人进行的"新教育"（最先是苏格拉底提出来的）。我对纽约马隆的聋人学校和巴特维亚[1]的盲人学校很熟悉，在这些地方，即使是遭受重大不幸的人也能学会自立、自助和快乐。我曾在拉皮尔的圆形安全出口处摔了一跤，那里住着癫痫病人之家的成员，我听到那些从未发出过笑声的嘴里发出的欢呼大笑声。我还看到芝加哥犹太手工课学校，把俄罗斯难民转变为有用的公民——能干、热心、出色。我对斯沃斯莫尔学院、韦尔斯利学院、瓦萨大学、拉德克里夫学院等学院有所了解。也曾把我的脑袋伸进西点[2]和安纳波利斯[3]，但从未听到有人喊："天才啊！"

对哈佛大学、耶鲁大学和普林斯顿大学我也了解一些，在那些地方我都待过一段时间。我曾经给牛津大学、剑桥大学和海德堡大学的毕业生提供工作，但结果让我难过，使他们懊恼。这并不能证明，知名大学的毕业生一般会失业，或者说他们一般都能力不行。它只能证明，有些人从知名大学毕业，拿到了文凭，但仍然不具备这个世界真正需要的东西，不管是思想方面也好，服务方面也好。

我的"优等毕业生"为什么不喜欢我，为什么我不得不和他们分手——从乔治叔叔那里给他们一些路费——不是因为他们缺乏智慧，而是因为他们想得到一个职位，而我只能给他们提供一份工作。

1　巴特维亚：纽约西部的一个城市，在罗切斯特西南偏西。

2　西点：美国纽约州东南部的一处军事设施，位于哈德孙河西岸。1778 年后成为军事要塞，1802 年后成为美国军事学院所在地。

3　安纳波利斯：美国马里兰州首府，位于巴尔的摩东南偏南的切萨皮克海湾入口处。1786 年安纳波利斯大会在此召开，该大会导致 1787 年联邦宪法会议的召开。1845 年建立的美国海军学院就设在此地。

他们就像奥什科什[1]的风之洞，在八月时起到破冰的作用，而在冬天就是户外园艺家——而雇工则是另外一回事。

作为一个通用的命题，我相信这一点是无可争议的：教育的目的是，使人能够通过服务社会而使自己受益。

要使他人受益，你必须相当快乐：必须通过有益的活动、乐观向上、友好善良和健康生活使自己生气勃勃——要有健康的思想和健康的身体。要使社会受益，你还必须有耐心，有毅力，有做正确的事情的坚定决心，做好你自己的事情，这样别人才可能会做好他们的事情。然后所有这一切都应当沾染上一丝对过去成就的不满足，这样你就会不断向前努力，做更多的工作，做更好的工作。

如果你对做过的工作还感觉了不得的话，说明你现在做得还不够多。

这样你就可以得到教育的公式了：通过有益活动获得健康和快乐——生气勃勃、友好善良、乐观向上、持之以恒、坚持不懈、乐于平等交换，再加上足够多的不满足以防止骄矜，因为流水不腐，户枢不蠹。

当然，没有哪所学院可以装满这个药方——没有哪个机构能提供药材——学院所能做的，只是提供好条件，使这些东西自发产生。植物需要阳光，但蘑菇却并非如此。

那么问题是，在美国，什么样的教育方式提供了最高质量的光合作

1　奥什科什：美国威斯康星州东部城市，位于丰迪拉克西北偏北，温纳贝戈湖畔。19世纪下半叶发展为一个经营木材的城镇，今天成为一个有多种产业的旅游胜地。

用呢？

而我的回答是，是塔斯基吉这个地方，是布克·华盛顿这个人。

"什么！"你一定会叫起来，"理想的学校竟然是一所黑人学校？这所由黑人创建、黑人授课，只收黑人学生的学校？"

而回答是："正是如此。"

塔斯基吉学院有将近两千名学生，一百五十多名老师。有两种类型的学生——"日校"和"夜校"学生。夜校学生整个白天都干活，叫他们干什么就干什么。他们可以获得膳食、衣服和一个家——他们不需要付学费，但劳动有工资，工资都会存起来，当存到五十美元时，他们就可以进"日校"。

"日校"学生占学生的大部分。每人一年付五十美元。他们都必须每隔一天工作一天，做手工活或是其他有用的手艺活。

申请到塔斯基吉就读的人，是它能满足的学位数的整整两倍；但有一种申请人永远也不会受欢迎，就是那些说自己有足够的钱，能够自己承担应负的费用，只是希望学习一般课程的人。回答是："请到别的地方去吧——有大量的学校想要你的钱。虽然你有钱，这不能免除你在这儿做有益劳动的义务。"

这正是全世界的所有学院都应当说出的话。

塔斯基吉农庄由大约三千英亩[1]的土地组成。有四百头牛，大约五百头猪，两百匹马，大量成群的鸡、鹅、鸭和火鸡，还有许多蜂窝。其目的是提供这儿消耗的所有食物，生产所有的必需品。这里有马车店、锯

1　英亩：1 英亩约为 4047 平方米。

木厂、马具店、鞋店、裁缝店、印刷厂、洗衣店和罐头厂。有我从未见过的精美的水果和蔬菜,成千上万的桃树、李树和苹果树,还种植了大面积的莓果,将来有一天肯定会是丰厚收益的来源。

这个地方是宗教性的,但不是教条主义的宗教——宗教只是用作情感的自然安全阀。在塔斯基吉,不会惨戚戚地要求你承认自己的罪过——他们做得更好,他们忘得一干二净。

我从未听过比这更鼓舞人心的会众唱诗,对钢琴、风琴和管弦乐器、铜管乐器的使用,是学院课程的重要内容。在礼拜堂,我发表演讲时,听众听得特别认真,特别用心,接收能力特别强,整个地方就像是索佐东[1]的巨幅广告。

在塔斯基吉看不到禁止性标语。所有标语都是肯定性的,但也能明白,有一些东西是禁忌——比如说烟草,当然还有烈性酒。

我们都听过哈佛啤酒和耶鲁香烟的说法,但我们可以绝对公正地说,哈佛大学并没有酿酒厂,而耶鲁大学也没有官方的香烟品牌。但哈佛的人的确喝掉了大量的啤酒,而耶鲁的确有许多人抽烟。如果你想找到烟草魔鬼的出生地,你会发现他像蝗虫一样蹲在坎布里奇[2]和纽黑文[3]的校园里。如果你想看烟草市场的最癫狂状态,那么请到波士顿的伯尔斯顿街来,无论哪天,中午的时候过来,看看那些从理工学院[4]走出来的

---

1 索佐东:19世纪中期至20世纪初期一种名牌口腔卫生产品的名称。

2 坎布里奇:位于美国马萨诸塞州,哈佛大学所在地。

3 纽黑文:美国康涅狄格州南部城市,位于布里奇波特东北的长岛海峡之畔。1701至1875年它和哈特福特共为首府。纽黑文也是耶鲁大学所在地。

4 指麻省理工学院。麻省理工学院最初位于波士顿市内,称为"波士顿理工学院"(1865—1916)。

男学生。

我曾经问过一位理工学院的教授，吸烟是不是学院的必修课。"是的，"他回答说，"不过也不是严格强迫执行的，我认识三个不吸烟的学生。"

塔斯基吉代表着秩序、制度、清洁、勤劳、礼貌和有益。这个地方没有水槽孔，没有"后院"。所有东西都美丽、健康和洁净。各行各业都在这儿有所体现。从日出到日落，整个白天有着干不完的活，没有什么大发牢骚、怨天尤人或者吹毛求疵——这三样东西通常都是源于懒惰。塔斯基吉没有仆人。所有的活都是学生和老师干的——每个人都要劳动——每个人都是学生，而每个人也都是老师。

我们都是老师，不管我们愿不愿意这样——我们通过示范而授课，所有能把工作做好的学生都是好老师。

当黑人能够做好技术性的工作时，他不再有什么问题了——他是个男子汉。大仲马[1]是一个黑人，但并不能依据这一事实而反对他，对他进行审判。

旧时的基础学院促进了大脑的发展，但让学生在室内体育馆锻炼，有的甚至连这样的锻炼也没有，它毁掉了成千上万名学生。只有上面的东西——有头脑，没心没肺——这样完全不可取。学生被免除做所有有用的事情，就像刚刚获得自由的奴隶所希望、所期盼的那样，而四年之后，通常他不可能接纳生活的实际课程了。他已经习惯了这个想法，

----

1 大仲马（1802—1870）：法国作家，擅长写作历史浪漫小说，如《基度山伯爵》《三个火枪手》。大仲马有四分之三的白人血统，四分之一的黑人血统。他的祖母曾经是西印度群岛一个农场主的黑奴。

一帮人干所有的活，另一帮人则有文化。从很大程度上讲，他逐渐把文化当作生活的目标。当一个人开始为自己的文化感到骄傲时，他没有任何值得一提的东西。文化只是偶然性的东西，紧抓住它不放，就像抓住一只蝴蝶不放一样：你根本就抓不住蝴蝶——你只是做了个抓的动作而已。

让我们就在这儿说，不管黑人也好，白人也好，只有一个方法，才能使自己受人尊敬。成文法无法做到这一点；通过国家选举给他的权利也作用不大；只说你想要而不付诸行动，并不能获得你想要的芝麻。

如果我们能够获得自由的天堂，那是因为我们已经赢得它——因为我们有资格获得它。虚假的教育可能可以满足一个白人的需求——特别是如果他有一个有钱的老爸，但对一个为自己的命运而奋斗的黑人来讲，他必须学会秩序、制度、镇定、毅力及做有益的尝试。

如果学院的学生将一半的时间用于实际有益的工作，这非常符合常识的要求。而我们感到吃惊的是，这个想法是由一个前奴隶付诸实践的，他成为自己这一被剥夺权利的种族的救星。我们的伟大发现总是偶然性的：我们努力想得到某样东西，实际却得到另一样东西。我预计，不久之后，这一天将来到，全世界最伟大的大学都将把塔斯基吉学院的想法付诸实践，以避免自己被黑人远远地甩在后面。

如果生活是一回事，教育是另外一回事，那么将两者分开也没有什么问题。在课桌上教育头脑，在室内体育馆锻炼身体，这不是最理想的方式。有许多人在这样的缺陷的情况下也取得了成功，但这一点并不能作为证据，证明这一安排无可挑剔。周游世界的轮船总会积起许多藤壶[1]，但要是说藤壶对航海者有什么帮助，那无异于痴人说梦。

一点常规的手工劳动，与头脑的训练适当地结合之后，将会根除暗扑克游戏[2]、威士忌、争吵谩骂、打架斗殴、哈佛啤酒、耶鲁香烟、普林斯顿皮纳克尔游戏[3]、艳舞、戏弄受辱、喝酒喧闹、流氓作风及牛头犬[4]习性。海登堡大学的三角帽之类的东西，以及各种无礼的行为，在塔斯基吉学院不会有市场。躺着等待侮辱或是把吵架视为艺术，这在塔斯基吉绝无立足之地。至于正统大学的体育运动员，十个当中只有一个还在从事与体育有一点关系的工作——最需要运动的大学生实际上被完全阻止与运动有什么关联，一脱衣服就沦为笑柄。咖啡、烟草、烈性酒，经常代替了锻炼和新鲜的空气，而普林斯顿稀里糊涂地眨巴着无辜的昏眼。

自由不能被授予——它必须通过努力去实现。教育也不能被给予——它必须通过努力去获得。林肯并没有解放奴隶——他只是解放了自己。黑人并不知道他们是奴隶，因此他们根本不清楚自由意味着什么。除非人们真正想获得自由，不然每一种形式的自由，都只不过是另外一种形式的奴役。布克·华盛顿正在向黑人表明，如何通过有益的活动获得真正的自由。要获得自由，你必须肩负责任。

如果国家将大学教育变为义务教育，课程的一半内容由实际的、有

---

1 藤壶：附着于水下物体如岩石或船底的小甲壳动物。
2 暗扑克游戏：一种扑克牌游戏，每人分五张牌，面向下扣。第一次下注后可以出牌并且调换一定数量的牌。
3 皮纳克尔游戏：一种两到四人玩的牌戏，使用一副48张牌的纸牌，通过采用轮圈抓牌或形成某种组合计分。
4 牛头犬：数世纪前为了斗牛而在大不列颠培育成的狗品种。强壮有力，勇猛，能耐疼痛。

益的手工劳动组成，我们的大部分社会问题都会得到解决，我们将阔步迈向通往理想之都的康庄大道。

没有生气与活力，人毫无价值——什么也无法实现，什么也做不了。而能够鼓舞他人之人，则有额外的生气与活力。

额外的生气与活力是一种狂喜状态。处在狂喜状态，灵魂破空而出，超越极限，遍及四处。雄辩术是一种狂喜状态，把听众淹没，使听众搭着他们的思想之舟乘风破浪。

艺术也起源于狂喜状态——艺术是一种具体的狂喜状态。美妙的音乐是以声音表现的狂喜状态，调节为旋律、节奏和形式。"雕塑是凝固的音乐。"海涅曾说道。

不能被狂喜状态所感动而进入狂喜状态的人，是毫无希望之人。如果无法体会到狂喜状态激起的心潮澎湃、感情振奋和催人奋进的力量，那他是个颓废的人——一个死人。

黑人很容易就被感动而进入狂喜状态。很少的一点音乐训练，就能使他们唱歌时充满激情。在塔斯基吉学院，会众唱诗是一个特色，一旦听过，终生难忘。一千五百人纵情欢声歌唱！一千五百人一条心，和谐一致地做同一件事情——你知道这意味着什么吗？狂喜从本质上讲是一种关于性的事物。在艺术和宗教上，性不能从等式中去掉。在四十年之内，美国的黑人从四百万增加到一千万，这个简单的事实显现了他们作为一个种族的狂喜。"只有快乐的生物才会自我繁殖。"达尔文[1]曾说。

1　达尔文（1809—1882）：英国自然学家。其以自然选择为基础的进化论学说彻底改革了生物学的研究。著作包括《物种起源》（1859）和《人类的由来》（1871）。

如果你让牲畜生气，它们会停止繁殖；因此有许多动物在圈养的情况下停止繁殖。但无论身为奴隶，还是获得了自由，黑人都欢声歌唱而且繁殖——他们命中注定不会沮丧——他们的灵魂已经升华到超越环境的高度。

如果没有活力，教育是不可能的。教育者的问题是引导蜜蜂的歌唱、流动和移动的精神进入发挥作用之路。

教育只不过是对正确习惯的鼓励——将好习惯固定下来，使它们成为性格的一部分，自动地运行起来。

只有那些有着勤奋习惯的人，才能赢得胜利。被逼用功或偶尔才勤奋的人，他们不会有什么成就。

人们通过工作获得快乐：而做奴隶的工作却总是令人厌恶。模仿和仿效的过程被省略了——主人自己不工作。于是，变得强大意味着停止工作。变得强大意味着自由——而自由意味着不用工作！

黑人以前受到的教育是可怕的、糟糕的——工作是令人讨厌的，工作是令人讨厌的！而奴隶主遭受的损失最大，因为他逐渐把工作当作下贱的东西。

现在，一个黑人却在教黑人，工作是美丽的——工作是一种特权——只有通过自愿的服务，他才能赢得自己的自由。建筑是固定的狂喜状态，总是受到强大之人的启发，给人以安全感。雅典是一种大理石的狂喜状态。

塔斯基吉则是一种砖块和灰泥的狂喜状态。

不要再谈什么黑人的教育了！这个实验真的从未尝试过，只是断断续续地教育南方的白人或黑人——或是在其他地方。

一个黑人恰好抓住了黑人天生的狂喜状态，并将带它进入施展才华、卓越出众之路。这样形成勤劳、节制的好习惯，这样持续不断、坚持不懈地往正确方向行走，你能预言它将走向何方吗？

　　布克·华盛顿，这个被轻视的种族之子，已经完成、正在完成的工作，是几代教育家和教士的智慧结合都未能完成的工作。他就像摩西一样，以自己的榜样带领被压迫者的儿女们走向社会、精神、道德和经济上的自由。

　　我对每一条指责塔斯基吉的批评都非常熟悉。仔细查看所有这些批评后，可以将它们归为三条：

　　1. 布克·华盛顿搜罗了大量钱财为自己牟利和扩张。

　　2. 塔斯基吉只是个供参观展览的地方，所有那些真正做得好的工作，都是从北方挑选过来的人做的。

　　3. 布克·华盛顿是个暴君、独裁者和自我中心主义者。

　　如果我是塔斯基吉的律师——不过我不是——我会用这些指责者做样例，毫无争议地把这事处理掉。布克·华盛顿可以承认每一条指控，而且不会有什么损失；而他在回应指责者时，丝毫也不会贬低自己的身份。

　　不过还是让大家知道这个事实吧，这个人已经筹集了超过六百万美元的资金，大部分来自北方人，建造了全世界最近乎完美的教育机构。

　　很可能他的老师和最好的工人是经过挑选的——但他们都是黑人，而且是由黑人挑选的。伟大的将军之所以伟大，就在于挑选他自己的将军；正是拿破仑挑选的元帅为他赢得了胜利；但他的精神赋予了他们生命，他挑选他们正是由于这个原因——他可以控制他们。他将自己相当多的热情融进了他们的灵魂。

布克·华盛顿是一位比拿破仑更伟大的将军。因为塔斯基吉不会遭遇滑铁卢。我觉得，批评布克·华盛顿最猛烈的评论家，只不过是他的一些追随者而已。

毫无疑问，此君乃一个暴君和独裁者。他是个仁慈的暴君，但依然是一个暴君，因为他始终如一地在重大问题上我行我素——而在小事上，其他人可以自己做主。至于独裁，在混乱中冲锋陷阵、将混乱变为和谐统一之人，必须是一个独裁者和自我中心主义者。

布克·华盛顿相信自己是对的，他没有刻意隐藏这个事实，他也是普通人。在他身上，没有值得偷窥或追踪、使其声名扫地的特性。所有活着的人都是自我中心主义者，他们的生命力越强，以自我为中心的比例就越高。我真的相信，在他身上体现了神的精神，如果活着的人有这种精神的话。这样的人就是神的手段。

塔斯基吉学院一直以来总是收到来自美国各地的预先申请，他们希望接收能负责重要工作、做好重要工作、能干的黑人男女。裁缝、管家、厨师、农夫、饲养员、建筑工和园丁都大受欢迎。这个世界从来就没有过足够多的人帮它承担重负。

最近，我们也听说有许多人失业，但稍微调查一下就会发现，这些失业的人都是有坏习惯的人，这使他们变得不可靠、不受信赖。尤其是南方，需要自动自发地工作和实干的人。最重要的是，南方知道这一点，并愿意为这些服务付钱。

几年前，曾经有过一阵来自北方黑人的抗议风暴，大意是说布克·华盛顿正在企图把黑人限制在一些卑微的工作中——也就是说，把黑人推回到奴隶状态。这些黑人的第一个抱负，是受到教育，然后可以成为一名浸信会[1]牧师。对他们而言，教育意味着可以脱离劳动。当然，我们不用看多远，就可以发现他们是从哪里获得这个想法的。当时，当塔斯基吉学院刚出现，想把黑人变成铁匠、木匠和砖泥瓦匠时，就有人大声喊叫："如果这就是教育，我们不需要它——叛徒，真是叛徒！"当时他们认为，想让其他黑人干活的黑人，不是他们的朋友。在这个时期不需要否认或解释。我们付之微微一笑，继续前行。

1877年，黑人在南方实际上被完全剥夺公民权，被拒绝参加初选。他们没有获得认可的现场投票。黑人和白人都对此相安无事。对大多数黑人来讲，这只是意味着免除劳动。因此很快就兴起了一个喝酒喧闹、吵吵嚷嚷、无所事事、寻衅滋事的黑人阶层，他们还被其中的野心家用于政治目的。为了保持社区的安宁，白人们被迫采取英勇的措施，结果是我们现在有了被剥夺公民权的黑人。

在19世纪80年代早期，布克·华盛顿意识到，他的种族在政治上没有希望。不过他发现，商业并不认可肤色的界限。我们会在绝对平等的情况下与黑人买卖、交易。人寿保险公司也会为他们保险，银行会接收他们的存款，如果他们诚实能干，还会贷款给他们。如果他们会钉马蹄铁，我们不会因为肤色而不让他们钉。无论他们会哪一门

1　浸信会：卫理公会教堂福音派新教的一个宗派，使用改革的祈祷传统，崇尚个人自由、政教分离和自愿洗礼、理智信仰。

手艺，都会站到与白人完全平等的位置上。唯一的问题是问："你会做这个吗？"

于是布克·华盛顿着手帮助黑人为自己赢得成功，学会一些技能，做一些有益的事情，为社会服务。这是用脑、用手和用心的活。手工活与脑力活决一胜负。

布克·华盛顿成立了这个时代乃至任何时代最完善的教育机构，并将它带向成功之路，在这个伟大的成就之上，屹立着布克·华盛顿本人。他没有仇恨、没有愤怒、没有偏见。没有人评价他会"突发奇想"。他有一半的白人血统，但自称是黑人。他站在那个遭受耻辱、被遗弃的黑人女人的一边，她生养了他，而不是站在那个受人尊敬的白人父亲的一边。

他坐在黑人车厢里，长途旅行时，如果他认为买一个卧铺更为方便，他会买贵宾间的票，这样他就不会侵扰那些对身边有黑人不自在的人。旅行时，他经常到黑人的粗陋家里住宿或就餐。在住旅店时，他有时会受到白人的无礼对待，这些白人太无知，没有意识到一位高贵的伟人正站在他们面前。对此他会平静地接受，不会抗议，也不会生气。对南方的白人，他只有友善和尊敬的话语；他对他们说过的最难听的话，是说他们"不明白"。他的谦逊、耐心和节制令人崇敬。他是个真正的费边社[1]社员——他做了自己能做的一切，他就像罗伊克洛夫特[2]的机会主义者一样。他对所有的小烦恼都一笑了之，来自自己种族的嘲笑、讥

1　费边社：1883年至1884年成立于伦敦的社会主义团体，其宗旨是在英国建立民主的社会主义国家。

2　本书作者于1895年建立的由手工艺工人和艺术家组成的改革社团。

讽和忘恩负义全被遗忘。"他们不明白。"他平静地说道。他做自己的工作。他被北方和南方的最优秀的人所尊敬。他有着知识渊博之士的自信——他是个值得信任的人。

托马斯·阿诺德

托马斯·阿诺德（Thomas Arnold, 1795—1842），英国教育家。阿诺德 1818 年大学毕业后，成为教会执事、牧师和家庭教师，进行历史和神学研究。1828 年任拉格比公学校长，同年获得神学博士学位。阿诺德通过对拉格比公学的改革，把英国传统的竞技游戏引入学校，初步形成学校体育的体系。阿诺德利用学生自治使这类运动组织化。此后其他学校仿效进行，使有组织的竞技游戏成为学校教育的一部分。随着英国对外发展，"阿诺德方式"传到世界各地，对世界竞技运动产生强烈影响，近代奥林匹克创始人顾拜旦到英国旅行时，赞赏英国学校的竞技游戏，后在法国学校中也推广了这种竞技游戏。

就让我做好自己的工作，使我自己保持单纯、热诚、有信念。在这片肥沃的葡萄园里，年轻的生命被托付给我照管，我将顺从天意，努力工作，耕种好分配给我的那块土地，直到我做完所有的工作。

——托马斯·阿诺德

托马斯·阿诺德
THOMAS ARNOLD

托马斯·阿诺德出生于 1795 年，卒于 1842 年。就他的寿命而言，他的一生非常短暂。但就在这短暂的时间内，他已经为自己赢得了美名与声望，使其永垂不朽、灿烂辉煌。尽管他不是一个伟大的作家，或是伟大的传教士，但有的时候，他觉得自己既是作家，又是传教士。他不仅是一位教师，更是一位教学方面的艺术家，艺术不是一件东西——它是一种方式。它是一种美好的方式，一种有效的方式。

教师没有办法通过奢侈浪费来证明自己的本领，或是通过日常的安逸享受让世界相信自己的优秀，结果是，在戏剧表演中，教师生活在平凡的石灰色世界里。教师并不会在财富中打滚，或是享用着丰厚的公饷。没有人会指控他们属于掠夺成性的富人阶层，或者是作恶多端的百万富翁。他们必须在每天的特定时间做好自己的工作，并由时间来检验自己工作的成果。

多年来，托马斯·阿诺德以儿子的父亲而闻名。有许多伟大的人，同样因为有出色的儿子而被遮蔽了光芒。比如说，迪斯雷利[1]的父亲一直受到

1　迪斯雷利（1804—1881）：英国政治家，曾任首相（1868，1874—1880），为扩大英国的权力和范围起了很大的推动作用。

名利的青睐，直到他的天才儿子崭露头角，在此之后，大多数情况下父亲只能在反射过来的荣耀之光中闪亮。雅各布·贝利尼[1]是威尼斯最伟大的画家，直到他的两个儿子，真蒂莱和乔凡尼，超越了他，因而历史记载，他是"贝利尼的父亲"。吕曼·比彻尔[2]被认为是美国最伟大的传教士，直到亨利·沃德把这个记录往上移了移。老皮特被认为是一个真正的政治家，直到他儿子逐渐进入内阁，然后"可怕的短马"突然变成了"皮特的父亲"。[3]现在父子都已离世，我们能以最适当的角度看待他们。我们发现，这位"伟大的平民"[4]真的是一位伟大的人，父子俩一起臂挽臂，沿着时间的长廊前行。伟人如果拎着"伟大"这个提包的时间太久，就会认为这个提包就是自己的，詹姆斯·B.庞德少校至少做了一件好事。他写道："马修·阿诺德[5]在美国至少做了五十场演讲，这些演讲没有人听；那些去听他演讲的人无法忍受沉默，都悄悄地溜了出去。"

马修·阿诺德是一位评论家和作家，因为是托马斯·阿诺德的儿子而获得小小的成功，从而吸引了演讲家的注意。最后就有了演说这个一时冲动的古怪念头，并开始做巡回演说。他磨炼了自己的矜持与漠然，

---

1 雅各布·贝利尼：威尼斯画家世族，包括雅各布及他的两个儿子，真蒂莱和乔凡尼。乔凡尼是三人中最杰出的，其对光线和色彩的兴趣对威尼斯学院派绘画产生了深刻影响。其作品有《狂喜的圣·弗朗西斯》。

2 吕曼·比彻尔有四个子女：凯瑟琳·埃丝特·比彻尔，她倡导了向妇女提供平等的受教育机会；爱德华·比彻尔，牧师和教育家，以其废奴主义观点和著作而闻名；亨利·沃德·比彻尔，牧师和报刊编辑，以其废奴主义演讲而著名；以及哈里特·比彻尔·斯托。

3 老皮特（1708—1778），英国政治家和演讲家，七年战争（1756—1763）时英国的实际领导人。小皮特（1759—1806）是老皮特的次子。毕业于剑桥大学，是英国历史上最年轻的首相（1783—1801，1804—1806），就职时只有二十四岁。

4 老皮特的外号。

5 马修·阿诺德：托马斯·阿诺德的儿子，英国维多利亚时代诗人、文学与社会评论家。

因为有人告诉他，这两项技能是公共演讲家成功的必要因素。

这话说得没错。但它们并不能使人成为演讲家，就像长头发、怪领带、怪帽子并不能把诗人飘入时间之潮，安全地将他送入名人纪念馆一样。

马修·阿诺德学会了镇定，但是非但没让听众听出他的才能，反而让听众认为他犯困了。庞德少校听过许多演讲家的演说，认为这个工作很容易，于是自己试着发表演讲，他取得了和马修·阿诺德一样的成功。谁也听不到庞德少校在讲什么：他的声音掉到舞台脚下，立即断了气，淹没在管弦乐队里；只有那些使用观剧望远镜的人，知道原来他是在说话。

不过，让人听不懂并不是一个特别的优点。人们变得温和可能有两个原因——用情过度，或者真的很乏味。

马修·阿诺德终于回落到自己真实的位置——一位作家的位置。天才是做实事的人。主题应当是人，而不是书。书通常写的是作者的想法。书会消亡、分解，但人是一个永无止境的队列，那些永远向前迈进的人，是为自由而战的人，而不是那些对深奥的东西进行猜测的人。

托马斯·阿诺德永垂不朽之凭证，不是因为他是马修和其他八位小阿诺德的父亲，而是因为这个事实：通过教育，他为生活更宽广的视野而战斗。为了自由，他大声疾呼。他相信孩子天性圣洁，而不是天性邪恶。拉格比公学的阿诺德是万师之师，任何一位伟大的教师都是万师之师。教育界现在正回到他的教育观点，就像谈论治国之才时，我们回到托马斯·杰斐逊一样。那些说出了不会转瞬即逝的经典真理的人——无关时髦、不论时间、不论地点，这些真理都是恰当而正确的——这些人就是人类真正的预言家。而托马斯·阿诺德正是这样的一位！

如果托马斯·阿诺德的名气再稍大一点，这个世界可能再也不会听到他的消息，因为他的工作一定会被下令禁止。神奇的是，事实上，教会和国家都没有扼杀他。

他代表温和、通情达理的一类人，但无意中引起了许多人的反对。他的一生是战斗的一生。但他还是努力使一些人接受他，于是整整十四年时间，这位男子预备学校的校长没有虚度光阴，完成了自己的使命。他散发出魅力的光芒，在自己精神力量的鼓舞下变得挺拔坚强，使自己的一生灿烂而辉煌。

他的突然去世，使他的工作可以盖棺定论，并因此变得圣洁，而他尚来不及被习俗给压倒、消灭。

幸福的阿诺德啊！如果他活的时间再长一些，他可能会遭遇布雷西亚的阿诺德[1]的命运，而那人也是一位伟大的教师。布雷西亚的阿诺德是阿伯拉[2]的学生，因为赞颂自己的老师而受到教会的谴责，认为他扰乱和平。后来他抨击懒散的高级教士的放荡，就像路德、萨伏那洛拉和所有其他伟大的教会改革家一样。他被命令保持沉默，并被流放，但他仍然为自己的说话权抗辩。在教皇的命令下，他被绞死，他的遗体被烧毁，

1　布雷西亚的阿诺德：意大利激进派宗教改革家。原是布雷西亚修道院院长，1137 年参加群众起义，反对主教曼佛雷德。

2　阿伯拉（1079—1142）：法国神学家和哲学家。因用古希腊逻辑原理来阐释中世纪天主教义而被控为异端。他的学生埃洛伊丝为他生子后，他秘密地和她结了婚，这激怒了埃洛伊丝的家庭，他们让人袭击了阿伯拉并阉割了他。阿伯拉后来成为一名修士，埃洛伊丝则当了修女。

骨灰被扔进台伯河[1]。我相信，浸信会宣称，布雷西亚的阿诺德是他们的教派的先驱，我也敢肯定，他是真正的罗杰·威廉斯[2]一类的人。

托马斯·阿诺德也同样充满了正义感。他对正直生活的热诚追求，给他带来了力量。当然，他不会像布雷西亚的阿诺德那样被处决——时代已经改变——但他有可能被搁置一边、被冷嘲热讽、被剥夺生计及遭受社会的冷遇。死亡挽救了他——享年四十七岁——而他的灵魂继续往前行进。

托马斯·阿诺德的父母属于伟大的中产阶级。迪斯雷利曾说，这一阶级从未独立思考。在宗教、教育和政治等事项上，都尽其所能地顺从和模仿富裕的有闲阶级的做法。

约翰逊博士认为，如果中产阶级努力工作、勤俭节约，那是因为他们希望能为孩子留下钱财和名声，而使孩子们不需做出各种有用的尝试。

伯克[3]曾说："指控一个阶级，既不合理，也不正确。"但可以肯定，英国及其他国家的许多有智之士都认为，"上层社会"的生活是值得向往和无比美好的。

为此，他们想要自己的儿子成为牧师、律师、医生或军官。

1　台伯河：意大利中部的一条流程约 406 千米的河流，向南和西南方向流经罗马并在奥斯蒂亚市附近注入第勒尼安海。

2　罗杰·威廉斯（1603—1683）：在美国的英国教士。因批评清教主义而被驱逐出马萨诸塞州，此后创建了一个建立在宗教自由和民主理想基础上的社团——上帝会（1636），还在 1663 年为罗得岛赢得了允许其成立的敕命特许权。

3　伯克（1729—1797）：爱尔兰裔英国政治家和作家。以演讲著名，曾为国会中的美国殖民者辩护，并且发展了政党责任这一名词的解释，在国会中与皇室对立。主要作品《关于法国革命的感想》（1790）表达了他对法国经历的暴行的反对立场。

"面向英国的胸怀大志的年轻人，只有两条荣誉之路，"格莱斯顿说道，"那就是军队和教会。"

托马斯·阿诺德的父亲是怀特岛[1]考斯[2]的一个海关征收员。他在政府担任着卑微的官职，手下有六七个人，我们可以很容易就猜到他的才干、习惯、信仰和生活方式。他受人尊敬，而要做到受人尊敬，海关征收员必须在教会事务上一丝不苟，以便被教会的人所接受，因为有了他们他才能进入天国。很自然地，托马斯·阿诺德的父母把对儿子的期望放到了教会上，因为他不是很强壮。

孩子只有六岁的时候，父亲死于"心脏痉挛"。此时男孩开始学习拉丁语，他的教育由一位可敬的家庭女教师负责，每天训练他的心理发展，牵着他的手，带他去散步。周日的时候，他戴着宽大的白色衣领、穿着锃亮的靴子、头戴一顶硬邦邦的帽子。女教师警告他，不要弄脏衣领，也不要将靴子粘上泥巴。

在后来的日子里，他告诉别人，他是如何羡慕地看着那些没戴帽子、没穿靴子的人，而且他们没有家庭女教师。

他母亲有着非常不错的收入，于是这种呆板、精确、苛刻、定型的教育方式继续进行下去。出于对孩子的伟大母爱，他只有八岁的时候，母亲就把他从家里送走。当然母子都哭了，但必须由一个男人教育，女人要从平衡等式中去掉——这样，孩子身上的邪恶才能被抑制，他的精神才能经受磨炼，他的头脑才能接受惩戒。

---

1 怀特岛：英吉利海峡中的一个岛，与英格兰中南海岸相望。是旅游胜地和著名的帆船运动中心。

2 考斯：怀特岛北岸的一个城镇。是皇家快艇俱乐部的总部，并且每年举行时髦赛艇会。

事实上，孩子喜欢母亲的爱抚，而母亲也喜欢爱抚他们，这从两方面都证明了性恶说是对的。

格里菲斯博士照顾了他两年，他当然谈不上冷酷，但同时也算不上仁慈。在大自然中，我们从未听说过母狮把自己的幼狮送走，让一头雄狮照管。你是否能够以这种方式把一头幼狮培养成一头雄狮，这真的值得怀疑。只要来一只山羊就可以把它撞死，即便它长了腮须和髦。

和格里菲斯博士待了两年之后，年轻的阿诺德被送到曼彻斯特[1]，从十岁到十四岁，他住在男孩寄宿学校里。对那里的老师——全是男人——他往往表示敬意，但有时也会表示带有异端性质的怀疑：用惩戒代替母爱，这是不是那些过于虔诚的教育者所犯的一个错误？

十六岁时，他被转送到牛津基督圣体学院。1815 年，时年二十岁的他当选欧瑞尔学院的董事，他在那里一直住到二十四岁。

他在拉丁语、希腊语和英语等课目中屡屡获奖，被认为是明星学生——他自己这样认为，别人也这样认为。十年之后，他回头一瞥之后说道："二十二岁时，我自豪、谨慎、呆板、拘谨、不自在、不快乐，无意中使我接触到的所有人都不开心。我能真正融合的人，只是那些将生命奉献给夺格[2]的人。"

二十四岁的时候，他被任命为教会执事，经常在邻近的礼拜堂读祷告词，每一次服务他能收到五先令。现在既然他已经独立做事了，他开始做得奖者经常做的事：他告诉其他人如何获奖。作为一名导师，他是

1　曼彻斯特：英格兰西北部的一座具有自治特权的城市，位于利物浦东北偏东方向。
2　夺格：语法上表示分离、离开，有时亦表示方式或作用以及某些动词的宾语。可以在拉丁文和其他印欧语中发现此种用法。

成功的：投奔他、要做他学生的人数，超过了他能照管的人数。但他并不喜欢这个工作，因为所有学生所希望的，所有父母所希望的，是他能够帮助落后的学生提高分数，然后穿过针眼滑入教育天堂。

二十六岁时，他布道、教书、写高深的文章、讨论一些连自己也并不明白的东西。

从以上的简介可以看出，托马斯·阿诺德早期受到的教育，是每一位宠爱孩子的富裕的中产阶级父母最喜欢的一类教育。他受到严密的保护，抵制世间的所有诱惑；他不能用自己的手做任何有用的事；他对经济的知识——方式与方法——还不如一个懵懂孩童；对活生生的现实，他一无所知；而对已经消失的过去，他以为并相信自己了解很多。

这是纯粹僧侣般的、制度性的教育。这是每一位富有的英国人希望儿子接受的教育。简而言之，这是英国教育的理想与典范。

拉格比预科学校是由劳伦斯·谢里夫，一位食品杂货商，于1653年捐建的。原先捐建的学校相对比较小，但伦敦不动产投资已经增值，现在每年能获得大约三万五千美元的收益。

在阿诺德的时代，那里大约有三百名学生。现在它不是一个大学校，美国有一百多所城市的学校在许多方面超过它。

拉格比之所以引起特别注意，在于它的传统——人才辈出，涌现出许多曾经是拉格比学生的伟人，以及曾经是拉格比老师的伟人。另外，还因为托马斯·休斯[1]曾写过一部有名的小说《汤姆·布朗在拉格比的

1　托马斯·休斯（1822—1896）：英国法理学家、改革家，以作品《汤姆·布朗的求学时代》而闻名。

生活》。

约书亚·雷诺¹爵士曾委托康华里²勋爵到美国去，把乔治·华盛顿带到英国来，这样约书亚爵士就可以给他画像。此时，拉格比预科学校已经有一百二十五年的历史了。

在阿诺德时代之前的一百年，那里并没有明显的教学方式的变化。男孩们群集在一起。他们打架、吵架、拉帮结派，大男孩欺侮小男孩。高年级学生使唤低年级学生是规矩，因此高年级学生奴役低年级学生。没有家庭生活，学习被刻意弄得严厉苛刻，令人厌烦，因为当时的想法是，快乐的东西是有罪的。

学习变得完全令人厌恶，学生一旦离开学校，对学习唯恐避之不及——如果还有比这更厉害的手法，我们无法想象。

这一体制很可能是因为老师的懒惰所致的。牧师按照规定的服务要求做事，但脑子里想的是其他事情，这样就免除了自己良心上的不安，听凭他的教众直接飘向炼狱，这一情景在教师身上得到复制。教师尽了自己的职责——但也没做其他的事。

自私自利、冷酷无情、野蛮残忍，动不动就挥动桦木鞭条。头脑就是一切，心与手什么也不是。这就是教书。对未能背下课文的学生有各种各样的惩罚措施，以各种方式羞辱、折磨不幸的孩子们。站在角落面向墙

---

1 约书亚·雷诺（1723—1792）：英国肖像画家及批评家，被认为是英国绘图史上最重要的人物之一。

2 康华里（1738—1805）：美国独立战争中指挥北卡罗来纳州士兵的英国军事和政治领导。1781年在约克镇投降，标志着英国的最终失败。

壁，带上笨蛋高帽[1]，这些惩罚已经让位于其他处罚措施，比如说"未参加祈祷，罚写十行的维吉尔诗句"，不完成的话再罚写十倍的内容。这些处罚经常使可怜的学生彻底崩溃。如果他是个受高年级学生使唤的低年级学生，即高年级学生的奴隶，他还得给别人擦靴子、拖地板，做一些愚蠢也无用的差事。拳打脚踢就是鼓励的方式。他发现自己受到的处罚不断堆积起来，根本没有办法清掉它们或是通过改进获得自由。

从我们的角度看，这样的事情既可笑又滑稽，让我们忍俊不禁。但对那个陷入绝境的男孩来说，这事非常悲惨。对某些个性的人来讲，在这样野蛮的环境中学习和成长，几乎是不可能的。只有变得麻木不仁、漠不关心，才能取得成功。如果男孩天性温和、身体瘦弱的话，即使不会变得精神空虚，也有被疾病和死亡击倒的危险。

事实上，学生们的身体状况非常糟糕：天花、发烧、结核病、手足生疮，都非常普遍。

托马斯·阿诺德被任命为拉格比的校长时，三十三岁。他结婚了，孩子的数目以惊人的速度不断增加。他已经被委任神职，每年挣一百英镑，谈不上很有钱。贫困和责任已经给他增加了压舱石，对自己儿女的爱使他的心充满了柔情，使他的灵魂充满了活力。

作为一名作家和演讲家，他已经在大学毕业典礼和牧师集会上发挥了自己的影响。他向残忍、漠然、懒惰和所谓的惩戒性教育方法提出了挑战。

就我们所知，他是英国第一位宣称老师应当做孩子的养父母、所有成功的教育都必须出自爱的人。

---

1 笨蛋高帽：旧时学校给成绩差或懒的学生戴的圆锥形纸帽。

装备良好的保守派捻了捻自己的拇指，咳了咳，然后问道："那么性恶说怎么办？你的意思是说孩子不应受到惩戒吗？所罗门[1]对使用棍棒是怎么说的？难道《圣经》说了孩子天性是好的吗？"

但托马斯·阿诺德并没有解释他知道的一切。另外，他也不想和教会作对——他相信教会——对他来说，它是个神圣的机构。但教会的一些方法和实践，他宁愿抛诸脑后。

"我同情次等生。"他说道。弱小者通常需要鼓励，而不是惩戒。必须赢得差生的心，而不是压制他们。

在一次牧师会上，阿诺德说道："有一次，我斥责一个学生，一个瘦小、苍白、愚蠢的男孩——个子矮小，看起来病恹恹的——因为他没有背下一篇简单的课文。他抬头看着我，带着一丝勇气对我说：'先生，您为什么对我生气？您不知道吗？我已经尽我所能了。'"

在场的一位牧师询问阿诺德，他是怎么惩罚这位无礼的学生的。

而阿诺德回答说："我没有惩罚他——他已经恰当地惩罚我了。我请求他的原谅。"

老师向学生请求原谅，这个想法完全是全新的东西。

在场的一些牧师大笑起来——有一个人皱着眉头，有两个人嗤之以鼻。但一位主教很快就要求任命托马斯·阿诺德为拉格比的校长，并在推荐书上添加了这一行："如果他当选此职，他将改变英国每所公学的授课方法。"

赞成票占了多数，于是阿诺德被叫到拉格比。薪水马马虎虎，学生

---

1 所罗门：古以色列国王，因其智慧和建筑设计著称。

人数为两三百人——许多人请病假在家，六年级的学生是罪魁祸首。

阿诺德一到拉格比，他的天才就展现了出来，他对六年级的学生进行了处理。这些男孩在整个学校横行霸道，更糟的是，他们这样做是合法的。

高年级学生使唤低年级学生属于官方行为。

六年级学生由三十名男孩组成，他们位于学校最高层，管理着学校。这些男孩因为个头、力气、进攻性和心智能力的优势而获得高分，这给了他们独断专行的权力。他们不受当权者的管辖——他们是自由的。再过一年，他们就要上大学了。

我们几乎无法理解，恃强凌弱者怎么能因为他们欺凌弱小的习性而得到高分呢？但可以在大个子足球运动员那里，看到这一想法的残剩案例，他们可以得到很好的分数，在课堂上可以得到非常温柔的心理按摩。如果这些学生又瘦又小、皮包骨头的话，他们很可能被开除。

教职人员把惩戒的责任移交给六年级学生，从而获得了自由。

只要你读一下阿诺德的日记，你会惊奇地发现，他是如何努力把六年级学生体罚学生的权力夺回来的。而在这之前，只要六年级学生的老大宣称应当体罚，他们就可以体罚学校的任何一个学生。

如果哪位老师觉得某名学生需要受罚，他就将这名可怜的学生交给六年级学生。我们现在能否想象这样一个制度，某些学生的职责竟然是鞭打其他学生。不仅是鞭打他们，而且如果他们还手的话，会把他们打得失去知觉。

这就是1830年英国公学的教育方式。

此时，对这种残暴的野蛮，越来越多的人表示赞成——他们在尖声喊叫，要将这种潮流保留下来！

但此时阿诺德掌管了拉格比。他首先宣称，他不想剥夺六年级学生的权力，从而使董事们消除了敌意——他建议使这种权力变得文明一些。为了试验这位新校长，对自己的本领感到自豪的六年级学生放言说，如果他以任何方式干涉他们，他们将首先把学校搞得"四分五裂"，然后集体辞职。另外，他们还放言说，如果有哪个学生敢向校长投诉有关六年级学生的事，投诉的学生将在夜间被拖出去，淹死在古老的埃文河[1]里。

有传言说，低年级学生当中有人神秘失踪，而这是因为"血腥六年级"进行的快速报复。

六年级学生之上，没有法律。

每一个学生都要向六年级学生脱帽致敬。六年级学生不向任何人脱帽，见到老师也只是碰碰帽子。

六年级学生被当作一种必要的警察系统，这已经成为根深蒂固的传统——成为一个世袭阶级，就像军队为教会服务一样为学校服务。

到了六年级即意味着到了天堂——意味着自由和权力——自由地做你想做之事，有权力去惩罚怀疑你的权威的所有人。

一些教育改革家的目的，就是要根除六年级学生的这种权力。

对付六年级学生有两种方法——和他们斗，或者教育他们。

阿诺德把拉格比的六年级学生召集在一起，向他们保证，没有他们的帮助，他什么也干不成。他需要他们：他想使拉格比成为一个模范学

---

1 埃文河：英格兰中南部河流，全长 154.5 千米，流入塞文河。因与莎士比亚相关联而著名。

校，影响整个英国的学校——他们能帮助他吗？

他面前的这些固执的面容表现出感兴趣的迹象。未等他们回答，他继续讲下去，在他们面前描绘了理想的英国绅士的形象。他说服了他们，用他闪亮的人格融化了他们，和每一个人握了握手，然后送他们离开。

第二天，他又以这种亲切的方式与他们见面，其中一个男孩大胆地向他保证，如果他想要谁受到鞭打——不管是学生还是老师——他们随时可以帮他鞭打。

他向这个男孩道谢，但向他保证，他的看法是，没必要向任何人施加暴力，他将向他们展现另外一种方式——一种全新的方式，实际上也很古老，但英国到目前为止尚未尝试过。

伟大的教师不是传授最多事实的老师，而是提供一个更崇高的理想，从而鼓舞学生的老师。

人的高尚或卑劣与他们拥有的品格成正比。真诚、正直、坦率、健康、和谐、勤劳、慈爱、乐观和乐于助人的精神，迄今为止，它们比任何精神品质都更可贵，而拿其他品性与它们相提并论，不仅可憎，而且可笑。

阿诺德激发了学生的品格，在这一方面，他在拉格比的工作，在教育进程之路上竖立了一块白色的里程碑。

在给一位申请教师职位的人写信时，阿诺德写道：

> 我想要的人，是一位基督徒和绅士，一个积极向上的人，一个具备常识、理解男孩的人。我不是特别关注他的学问，因为他马上要教学校最低年级的学生。但进一步考虑之后，我也非常关注他的

学问，因为他的学生将进入高年级，而且即使是最基础的原理，如果老师有了充分的了解，就能教得最好。不过，假如一定要做出让步，我宁愿选择头脑活跃、对工作感兴趣的人，而不愿选择学问高深的人。因为学问要比其他东西更容易获得。我也希望你能明白，新的老师可能被要求安排寄宿生到家里去住，我将来的打算是，在适当的时机，让所有的老师都这样做。这样的话，到时学校的寄宿房将自然消亡。对教师这个职位，我想，我有权利对我选定的人抱相当高的期望。而我的目标就是，在这里聚集一群充满智慧和绅士风度、积极向上的人，他们将永久地保持学校的品格。即使我明天扭断了脖子，他们也会继续保持下去。

思想在空中飘扬，伟大的发明同时在世界各地出现。卢梭写出了《爱弥儿》，我们并不清楚阿诺德是否拜读过它。

假如他读了，他很可能感到吃惊，而不会受到鼓舞，因为它坦率得近乎残酷。法国人可以读一读它，但这个建议不适用于英国人。

裴斯泰洛齐[1]正在瑞士酝酿自己的思想，而福禄贝尔，这位笨拙的德国农村小伙子，正在幻想一些即将成真的梦想。托马斯·阿诺德则抓住了英国人的情感脉络，并在自己的生命中实践。

他的计划是科学的，但他的理由，如果仔细分析，并不总是能经得住考验。阿诺德对教会是忠诚的，但也发现忘记教会所代表的许多东西

1　裴斯泰洛齐（1746—1827）：瑞典教育改革家。其建立在尊重和注重独立性基础上的教学理论，为19世纪的教育改革奠定了基础。

会更方便一些。他回到了离本源更近的资源。所有的对宗教组织的改革，都在于回归原来的形态。耶稣的宗教非常简单，而后世尊贵的教会的宗教则非常复杂。前者浅显易懂，后者必须详加解释，而且通常需要好几种语言。

阿诺德希望将孩子们变成基督教的绅士。而他的英国绅士的类型并非来自书本或是神学——完全是他自己合成的想法。不过，在这种想法成型之后，他通过翻遍《圣经》的段落为它找到合理证据，干得非常完美。不过，从我们的角度看，这毫无必要。

而从他的角度看，这绝对有必要。

在他看来，绅士是一位找他人长处，而不是找他人过错之人；忽视别人的轻视；忘记自己做过的好事；谦恭、友善、乐观、勤劳，内外都清白；不轻易愤怒，有着炽热的气概，为神服务。而"神"对阿诺德来说，表现在教会和国家上。

阿诺德常说，教书不应以宗教为基础，但它应当是一种宗教。对他而言，宗教与品行是一回事。

事实上，他通过六年级对拉格比进行了改革。他在大男孩的头脑中注入了这个想法，他们必须帮助小一点的男孩，对初次犯错的小伙子，不应进行惩罚，应当向他充分地解释这件事情，向他说明，他应当做正确的事，因为它是正确的，而不是因为担心受到惩罚。

他教六年级的学生，应当放下尊严，和所谓的"差生"建立起伙伴关系。阿诺德亲自与这些"次等生"打板球，以此树立了榜样。

他从来不会嘲笑差的选手，更不会嘲笑差的学生。他把笨一点的学生带进自己的家里，并坚持要求他的帮手——其他老师也应当这样做。他向六年级的学生说明，站在弱小的一方、停止欺压低年级的学生，这要比树立最好的榜样还要好。阿诺德到拉格比不到一年，六年级学生已经演变成为一个欢迎新生的接待委员会，帮他们安顿下来，介绍男孩们认识，带他们到校园参观，就像大哥哥或是养父一样照顾他们的所需所想。

对阿诺德而言，基督教就是为人类服务。他不知疲倦地热忱服务，行善，祝福他人，鼓舞他人。

他的这种品格非常有感染性。在每一个大企业或学校，领导的心态都可以使整个机构充满活力。每个人都会参与分享。如果领导患有忧郁症，那么整个机构都会得这个病——整个地方都会染上青灰色。最好的帮手开始出走，然后就会呈蜂窝状地持续出现支离破碎的现象。

学校必须有灵魂，商店、银行、酒店、家庭或教会同样需要灵魂。如果一个机构变得太大而失去灵魂——只有一个财政上的头和一个董事会——那么很快就要得干腐病[1]，支离破碎之日就将来临。

这就解释了为什么小学院是最好的学院的原因：如果它们规模小，它们就有自己的个性，有着无处不在的、有保护能力的、充满生气与活力的精神。

托马斯·阿诺德不是一个有大学问的人，也没人真心说他智慧过人，但他有着无比高尚的灵魂。他从未打算过对自己有所保留。他将自己完全奉献给了拉格比的男孩们。他的心和他们在一起，他信任他们——即使他们撒谎时，他也信任他们，且他知道他们撒谎了。他知

1　干腐病：一种由于真菌入侵而腐蚀球茎、果实或木质组织的植物病，植物组织在患此病时保持相对干燥。

道，人的内心是完美无缺的。他相信人类的神圣，并努力尝试忘记那些以别的方式来实施教育的愚蠢神学。

就像在弗吉尼亚大学[1]建立起荣誉体系的杰斐逊一样，他信任年轻人。他呼吁珍视每个人灵魂中善良的种子。从某种程度上讲，他对男孩们的热爱，为本·林赛法官的出现做好了准备。他也完全有可能从他杰出的头脑中孕育出青少年法庭，并因此阻止罪犯的产生，如果他的生命不是花在与愚蠢、迂腐的搏斗上，因而日渐憔悴凋零的话。而那些人向他喊叫："噢，谁听说过这样的事情啊！"

幼儿园利用了孩子对玩耍的喜好；而阿诺德则利用了对权威的渴望。利他主义加上了希望获得认可的渴望的调料。

通过利用六年级的形式进行自治，这样的安排类似于我们的"小乔治共和国"[2]。"一所学校，"他说道，"应当是自治的。要净化自己，使自己避开所有有害的东西。"他又说：

> 如果学生能够为了满足自己获得认可的自然愿望，而做正确、恰当和最佳的事情，他会为此努力奋斗，而不会想通过无赖行为摆威风。如果学生的品格获得了认可，我们老师只要说什么，他就会做什么。如果我发现教室里吵吵嚷嚷，我只会责怪自己，而不会责

1　弗吉尼亚大学：由托马斯·杰斐逊于美国弗吉尼亚州创建的一所研究型大学，是美国著名的公立大学。弗吉尼亚大学以其首创建筑、天文和哲学等学术领域而著称，同时也是第一所将教育独立于教会的高校。该校是北美地区唯一一所被联合国教育、科学及文化组织列为世界遗产的高等院校。
2　小乔治共和国：威廉·卢本·乔治（出生于 1866 年）建立的自治组织，位于美国纽约州汤普金斯县的弗利维尔小村。

怪学生。失败的是我，而不是他们。不管我是什么样，我的每个学生都会反映出我的价值。我定下调子，如果我的灵魂混乱不堪，学校也会陷入混乱。

没有热情将一事无成。赢得世界的是心，而不是头脑。不过头脑必须使心的激励系统化。阿诺德有办法把灵魂放入手的掌握之中。他的学生从未忘记他。不管他们去哪里，不管他们能活多久，他们都对拉格比的阿诺德赞不绝口。这位诚挚、热情、慈爱和真诚的老师对文明世界有多大的影响，没有谁可以断言。但至少我们知道这一点，自他的时代开始，出现了新的教育科学。桦条教鞭已经随着笨蛋高帽一起消逝得无影无踪。那根特别的九尾鞭已经在托马斯·阿诺德的家中，以庄严的仪式烧成灰烬，同时他发表了一个宣言："自此之后，我知道我的孩子们将做正确的事！"在每个基督教徒的家中，这已经成为典范。

我们不再鞭打我们的孩子。学校不再是充满恐惧、痛苦和烦恼的地方，而我们老师正在和弗里德里希·福禄贝尔一起，重复耶稣基督说过的话："让小孩子到我这里来，不要禁止他们，因为在神国的，正是这样的人。"

此外，我们和托马斯·阿诺德一起说道：

男孩是人类之父。要在男孩的身上培养有益于健康和力量的品格，更要培养他们祝福人类、造福人类、为人类服务的强烈意愿。只有这样，才能培养出新一代的绅士。

福禄贝尔

福禄贝尔

　　弗里德里希·福禄贝尔（Friedrich Fröbel，1782—1852），德国教育学家，现代学前教育鼻祖。他在德国勃兰根堡创办了第一所称为"幼儿园"的学前教育机构，建立了古典主义幼儿教育体系，为近代幼儿教育奠定了基石。他的教育思想迄今仍在主导着学前教育理论的基本方向。他也是世界上首次将游戏带入教育课程的人，发展了包含动手操作、玩游戏（如折纸、堆积木等游戏）、唱歌、园艺（他以花比喻学校、花木比喻儿童、园丁比喻教师），以及照顾动物等课程，来启发幼儿的多元化智力学习。著作有《人的教育》《慈母曲及唱歌游戏集》《幼儿园教育学》等。

幼儿园的目的是为可怜的母亲提供必要而自然的帮助，她们被迫每日围着工作转，而只好把孩子们丢下不管。幼儿园从事的工作主要有以下内容：孩子的自由玩耍；在老师指导下的合作玩耍；体操；适合幼儿的各种手工活；散步；学习音乐，包括器乐和声乐；学习背诵诗歌；讲故事；欣赏真正好的图片；帮助做家务；园艺。

——福禄贝尔

福禄贝尔

FRÖBEL

　　弗里德里希·福禄贝尔于 1782 年 4 月 21 日出生于一个图林根族[1]
村庄。他的父亲是一位路德教会的牧师。在他不到一岁的时候，母亲就
去世了。不久之后来了一位继母填补母亲的位置——但她并未真正"填
补"。这位继母属于我们在"六大畅销书"中读到的那一类人，她严厉
苛刻、缺少慈爱、对宗教有着不必要的热忱，这一切为未来的幼儿园园
长提供了一个黑暗的背景，而他将在此背景下绘出一幅快乐的图画。福
禄贝尔在负面的遭遇中得到了正面的教育。他的家庭属于 E. 豪上校[2] 在
《乡镇纪事》中描绘的那类令人难忘的家庭，而《乡镇纪事》还没有那
么糟糕，因而没有被收纳到"六大畅销书"中去。

　　在他十岁的时候，纯粹是因为可怜他，福禄贝尔被一位舅舅从这
个"疯人院"救了出来，这位舅舅自己有一大家子人，而且有着无限的
爱。而福禄贝尔家里也有一窝孩子，因此没有人真正想着这个纤细、修
长、黄脸、愁苦、忧伤的少年。

1　图林根族：古代部落名，6 世纪前一直居住在德国中部。
2　E. 豪上校：即埃德加·沃森·豪（1853–1937），美国作家、编辑。《乡镇纪事》（*The Story of
a Country Town*）是其第一部也是最成功的作品，反映了美国小镇的生活现状。

舅舅带男孩干活，把他当作大人来看待，回答他的问题，甚至允许他拥有竹马和自己的小木屋、小花园。

十五岁的时候，他的天性开始被唤醒，舅舅聆听了男孩的意愿，让他去给一位林务官当两年的学徒。年轻人的第一份工作是计算出某块土地上树的数量，并粗略估算它们的树龄。在开始工作之前的那天晚上，他整夜未眠，想象着即将开始的工作是多么有趣。后来，他还回忆了这件事，这表明把工作与娱乐分离是荒唐的。

十五岁至十七岁当林务官学徒的两年，对他来说，真的比任何大学教育都要好。他继母的指示大部分是禁止做什么事。自幼儿开始，他就被警告要"小心一点"。他上街的时候，被预测会被马车辗死或是被吉卜赛人偷走，又或者会从桥上掉下来淹死。危险的说法反复地在他耳边响起，因此恐惧成为他性格的一部分。甚至到了十五岁，他还会想方设法在日落之前离开森林，以避开熊。尽管他的智慧告诉他，那里根本就没有熊。但战栗的习惯依然跟随着他。

不过，林中的工作逐渐增强了他的体魄。他渐渐习惯了林中的生活，不论是白天还是黑夜。他的职责让他学会观察、描绘、画图、调查和决定。另外，这是一种移居生活，也许大学生活最好的一点，就在于使年轻人脱离家庭环境，给他们提供新的环境。

在美国，林学是一门全新的科学。我们曾经的愿望是清理出地面，因此会清除、燃烧和摧毁，只剩下被我们称为"木材"的圆木。而现在我们则在认真考虑如何植树护林。也许，最好扪心自问一下，待在森林里面两年，完全在户外活动，与大自然亲密接触，与木头、岩石、植物和动物斗争，这样的生活，难道不比四年的大学生活好得多？在大学里只能待在闷热的宿舍及更闷热的背诵室里，聆听乏味的演讲者讲述与生活无关的事情。

尽管我不想得罪慈爱的妈妈们，但我不得不说，男孩就是野蛮人。要按照男孩的喜好去引导他们，就像人类在自然中受到教育一样，这才是明智、正确的。如果由杰克·克劳福德、威廉·马尔登、约翰·伯勒斯[1]、约翰·杜威、斯坦利·霍尔及类似的人当教职员工，在黄石公园[2]建立一个自然大学，将会有什么样的成果啊！

福禄贝尔认为，他在森林的两年，使他逃脱了结核病，更逃脱了可能的精神错乱，因为这段生活教会他向外看，而不是向里看，教会他伸出援手帮助别人。事实上，他偶尔会有点感伤，只要稍微多生点病以及再敏感一些，就可能完全要了他的命。

森林及上帝的伟大户外世界，给了他平衡及稳定剂、良好的消化和甜美的睡梦。

两年之后，他前往耶拿，他在那里有一个哥哥。这个哥哥是一个明星学生，福禄贝尔非常崇拜他，把他当作教育学的精英。他哥哥成为耶拿预科学校的教授，后来又行医；但这个哥哥从未有过冒犯公共舆论的"不幸"经历，因此遗忘之神诱惑了他，打败了他，将他变成自己的俘虏。

---

1 约翰·伯勒斯（1837—1921）：美国自然主义者和作家，其生动的文章使他作为一位自然界和蔼可亲的智者而倍受推崇。
2 黄石公园：世界上最原始、最古老的国家公园。位于美国西部北落基山和中落基山之间的熔岩高原上，绝大部分在怀俄明州的西北部。黄石河、黄石湖纵贯其中，有峡谷、瀑布、温泉以及间歇喷泉等，景色秀丽，引人入胜。其中每小时喷水一次的"老实泉"最为著名。

在耶拿，可怜的福禄贝尔并没有取得进步。他在预科学校的学习并未让他做好准备。他在学习的苦海中拼命挣扎，对他的年龄来讲，这海水太深了。后来他听从了别人的愚蠢建议，请了一位家庭教师帮助他学习。然后他就倒下了，因为负债而被开除，后来还坐了牢。他在那里住了九个星期，国家帮他付膳食费用。

在监牢里的时候，很自然地，他并没有赶上学习进度，而且监禁生活几乎毁了他的身体。如果他是因为决斗而坐牢，他可能会以英雄形象出现。但欠债入狱即意味着没有朋友，也没有钱。在被释放之后，纯粹是出于经济目的，他在夜间溜走，走向林务办公室，申请一份林业工人的工作。他得到了这份工作。几天之后，他被提升为学徒头目。

林业工作意味着一定的测量知识，而福禄贝尔很快就获得了这些知识。然后是制图工作，对他来说这只不过是有趣的活动。从制图到建筑只相差一步，于是福禄贝尔放弃了林业工作，去给一位建筑师当助手，每年能挣十英镑。他发现，这是一份对人约束很大的工作，比他所预想的更为苛刻一些——需要大量的数学知识，而数学是福禄贝尔的短板。福禄贝尔感到失望，他的雇主也有同样的感觉——这时发生了一件事。这样的事经常在书中发生，而不是在生活中出现。

天才总会有自己的榜样。在福禄贝尔面前走来了裴斯泰洛齐这位瑞士人。他研究过神学与法律，后来发现它们对人类发展毫无用处，就摒弃了它们，将注意力转向教学。裴斯泰洛齐受到让－雅克·卢梭的启发，虔敬地读过他的《爱弥儿》。通过自然的方法教学，将劳动与学习相结合，使它们都成为娱乐，这就是他的主题。裴斯泰洛齐相信户外教学，因为孩子们都是半开化的，而且喜欢"流浪"——他们想去某个地方。但他犯了个错误，他说教学应当从牧师的手中和家中交出来，于是牧师们说了他诸多不是。

裴斯泰洛齐刚开始受到的鼓励微不足道。只有贫穷而无知的人把孩子托给他照看，其中一些家长实际上收了钱才把孩子交给他。孩子接受教育，同时做一些有用的事，这完全让他们无法理解。

裴斯泰洛齐偷偷摸摸地进行教育实验。刚开始，他带了几个八岁、十岁和十二岁的男孩和女孩，然后让他们和他一起在花园干活。他们照看家禽，照顾羊，给奶牛挤奶。老师和他们一起干活，边干活边聊天。在干活的空隙，裴斯泰洛齐会让他们注意野鸟、鲜花和野草。他们会画这些东西的图画，搜集树叶和花朵，并记录下自己的观察与发现。通过记录，他们学会了读写，学会运用简单的数学。对他们不明白的东西，他们可以到老师的图书馆去看书，去寻找答案。但是，在学习计划中，书本是第二位、附带性的。当干活干烦了的时候，他们都停下来玩游戏。在其他时间，他们坐下来，就聊聊他们干的活。如果天气不好，他们就到工作间去，在那里做锄头、耙子和其他需要的工具。他们还建造鸟屋，做一些简单的家具，这样，所有的学生，男孩和女孩们，都对木匠和铁匠的工具有所熟悉。他们自己补鞋、补衣服，有时还自己准备饭菜。

裴斯泰洛齐发现，他可以以这种方式照管的学生人数不能超过十人。但让他感到满意的是，至少他证明，以自己的方式教育的孩子，要超过那些以正规教学课程教育的孩子。他的主要难题在于，家庭不配合学校的工作，总是有"一切照旧"的倾向。

裴斯泰洛齐记下了自己实验的经过，强调自己相信，应当通过自然活动对孩子进行教育，所有的成长都应当是快乐的。他的口号是："自内向外。"他认为教育是一种成长，而不是一种获取。

裴斯泰洛齐的一本小册子落到了福禄贝尔的手中，他当时在法兰克福给一位建筑师做助手。

福禄贝尔当时二十二岁，自婴儿开始，命运之神就将他从一个地方抛到另外一个地方。他所有的这些经历，为他的大脑对裴斯泰洛齐表达的理论做好了准备。

除此之外，建筑业已经开始让他生厌。"能干之人，做事；不能干之人，教书。"这话是嘲笑老师的，但它说出了一条真理。

福禄贝尔有着教书的强烈愿望。此时，在法兰克福有一个师范学校，或者说是培养老师的学校，格鲁纳先生当校长。学校实际上已经在实行裴斯泰洛齐建议的一些可行的做法。非常偶然地，格鲁纳先生与福禄贝尔相遇了。格鲁纳想找一个能以裴斯泰洛齐方法教书的老师。福禄贝尔直接向格鲁纳先生申请了这个职位。他接受了教师兼管理人的职务，待遇是免费膳食及每周 10 马克的工资，即 2.5 美元。

福禄贝尔的乐观与热情赢得了格鲁纳的心。他们一起讨论裴斯泰洛齐及他的作品，读了他写的所有东西，并与这位伟人建立了通信联系。福禄贝尔因此被邀请到他在瑞士伊佛顿的农场学校参观。

格鲁纳给了福禄贝尔必要的一些钱，让他把他那件非常破旧的衣服换成好一点的衣服，然后这位年轻人就出发了。大约要步行两百英里的路，但年轻与热忱使这次徒步旅行成为一件充满乐趣的小事。福禄贝尔穿着破旧的衣服，带着好衣服，当他出现在裴斯泰洛齐面前时，全身一尘不染。

裴斯泰洛齐当时六十岁，而他对"新方法"的期望还相当高。他遇到了对抗、嘲笑和冷漠，把自己小小的财富大部分用于战斗。但他仍然坚持到底，决定奋斗至死。

福禄贝尔对裴斯泰洛齐并没有感到失望，当然裴斯泰洛齐也很高兴，对这位年轻人的急切感到有趣。裴斯泰洛齐正以非常节约的方式工作，但这个地方所缺乏的，福禄贝尔用自己丰富的想象力全部补足。

福禄贝尔找到了许多东西，因为他随身带的东西足够多了。

拜访裴斯泰洛齐之后，福禄贝尔回到法兰克福，充满了热忱，这是成功的教师必不可少的东西。很快福禄贝尔的房间成为整个学校的兴趣中心。但麻烦就要找到福禄贝尔了。

他没有大学学历。他的教育履历非常短暂。他希望通过行动让别人忘掉他的大学记录，但这些记录紧追他不放。格鲁纳的学校要接受政府的检查，而这些时不时到学校看一眼的双下巴绅士，他们询问：这位热情洋溢的年轻人是谁？为什么这位可敬的管理人及前林务员能获得晋升的荣誉？

其实，在他的一生中，福禄贝尔从未逃避过这些羞辱，例如他不是个受过教育的人。也就是说，没有哪所大学曾提供过一个字母的附加物给他。他曾经是一位林务员、农夫、建筑师、男孩的管理人、女人的老师，但没有哪个机构曾正式宣布：他适合教书。

格鲁纳试图解释，他说，有两种老师：一种是天生的老师，另外一种是通过长期学习学到了教学方法的老师。第一类老师，需要学习的东西很少，他们热爱孩子，有着自发的奉献自我的精神品格，这一类老师成功的最多。

但格鲁纳的可怜解释不起作用。

然后此事被以非常温和的方式向福禄贝尔做解释，而福禄贝尔也发现，如果想保住教师的职位，他必须获得一个资质证明。"时间会调整一切。"他说道，然后出发，再一次去拜访裴斯泰洛齐。他的计划是和老师待在一起，直到自己获得相关的证书。

裴斯泰洛齐又一次欢迎了这位年轻人，而他很快就融入家庭当中，成了学生和老师。他乐于做事——做身边的所有工作——他品性温厚，充满感恩之心，这使他赢得了所有人的心。

此时，送男孩上大学的时候，请一位家庭教师随行，既做同伴又做老师，这种做法在那些能付得起钱的家庭中非常流行。请记住，威廉[1]和亚历山大·冯·洪堡[2]就是以这种方式获得的教育——和他们的家庭教师从一所大学到另外一所大学，老师和学生一起作为特殊学生进校，融入学校的环境，浸透学校的东西，接着继续往前走。

就在此时，通过格鲁纳或裴斯泰洛齐，或是通过他俩，一位有三个男孩需要教育的富有妇人，请福禄贝尔到马其顿去帮助她。

1807年，福禄贝尔成为冯·霍兹豪森家族的家庭教师。这一年他二十五岁，这是他第一次与有闲有钱阶层会面。他迫不及待地想鉴赏一切，这一点毋庸赘言。

他尽情地游览了格丁根、柏林，在耶拿待了足够长的时间，以抹除

---

1 指威廉·冯·洪堡男爵（1767—1835），德国哲学家和外交家，以对语言与文化关系的探索和巴斯克语言的研究而著名。
2 亚历山大·冯·洪堡（1769—1859）：德国自然学家和作家。他在南美、古巴和墨西哥的探险（1799—1804）促进了生态学的发展。

未受教育的标牌带来的耻辱。他在歌德的故乡魏玛逗留，完成了四年的学习课程。

男孩们长成了男人，再往后证明了自己的价值，但他们是因为迁居，还是因为有了这位老师而收获良多，这值得怀疑。福禄贝尔的机会成熟了——而他们的机会过剩了。

接着爆发了战争。学生响应国家的号召，拿起武器，福禄贝尔卷入了爱国的旋涡，和他的学生一起报名参军。

虽然不是特别耀眼，服役期间他的表现还是光荣的，而且给他带来了这个好处：结交了两位朋友——两位战友，他们也对裴斯泰洛齐着迷，终生都在宣传及教授"新方法"。

这两位朋友就是威廉·米登多夫和亨利·朗根塔。三位兄弟团结如一人，这在友谊之国中非常罕见而美好。距他们初次会面四十年后，米登多夫对着福禄贝尔的遗体发表了一个演讲，这个经典的演讲，显露出经久不衰的爱与信任。

在此之后，米登多夫转向自己的工作，大胆挑战监狱与耻辱，大力支持幼儿园制度，以他亲爱的已故朋友为榜样。幼儿园的想法本来很可能会随福禄贝尔埋进坟墓——和他的尸骨埋在一起——如果没有米登多夫和朗根塔的话。

第一所幼儿园建于 1836 年，建在勃兰根堡，离基尔豪很近的一个小村庄里。福禄贝尔当时五十四岁，和一位可敬的妇女结了婚，她当然没有阻碍他的工作，虽然也不曾鼓舞他。他没有孩子，所有的孩子都可以称他为父亲。

多年来，他一直努力在德国建立仿效裴斯泰洛齐和格鲁纳方式的师范学校。但失望、误解和愚蠢紧跟福禄贝尔。牧师们已经定型的方法、革命与异端的指责、虔诚的空谈家们就"死"语言的价值进行的攻击，所有这些，加上自身缺乏商业方面的精明，毁掉了他多次的尝试。

福禄贝尔认为，女人是比男人更好的天生的老师，因为她们有着母亲的本能，这一观点受到一位有学问的修士的反驳。大意是，如果由一位不是修女的未婚女性去研究孩子的本性，即使不是有罪的，也是不雅的。

学龄孩子的父母，不会把自己的宝贝交给教育实验者——这是牧师给他们的建议。

米登多夫和朗根塔仍然和他在一起，不论面对耻辱还是失败，他们依然是伙伴，因为他们都不愿意放弃为自然方法教育而战。

一个伟大的想法、一个伟大的词语突然来到他们面前，这完全是神来之笔——在半山腰横空出现。

从孩子的学龄前开始的教育机构，就称作"幼儿园"！

好哇！他们欢声高呼，然后从山上疾跑下来，告诉福禄贝尔夫人。

他们以前创办的学校曾被叫作"裴斯泰洛齐法及儿童自然活动法教育机构""学生自发活动激励及发展机构"及"弗里德里希·福禄贝尔缔造有用性格的创造性本能发展学校"。带有这样名字的学校当然会失败。名字太长了，没有人能记住，更不会把孩子送到这样的地方——它对不明所以的头脑来说，什么意义也没有。

名字里面有什么？什么都有。有的书畅销，有的书滞销，就是因为书的名字。商品也是如此。连铁路站也必须有一个让人们不担心发错音的名字。

学校叫之前名字的时候，法律官员前来索要福禄贝尔的"生产许可证"，有人要查看他"货物"的情况，还有一位要人来访，问："裴斯泰洛齐先生在家吗？"

幼儿园！这个新名字立即奏效。孩子们记住了这个名字。过于疲倦的母亲们喜欢这个名字，当然乐意让年轻的"小妈妈"带孩子们去幼儿园。

福禄贝尔对失望已经习惯了——他是位天生的乐观主义者。他总是看到事物好的一面，包括失败。

面对困境，他从容应对。而此时他非常清楚，教育必须"在孩子出生前一百年开始"。他将通过孩子们到达他们的家，了解他们的母亲。"要证明幼儿园想法的正确，需要花三百年时间。"他说道。

于是，歌曲、礼物与游戏——所有这些都需要发明、辩护，一次又一次地尝试。裴斯泰洛齐已经有了一个教育青少年的办法，现在必须进行修改用于教育幼儿。爱是主旨，而快乐、无私、对自然神圣的人性冲动的坚定信念，这些居于一切之首。

福禄贝尔发明了"教书女士"（女教师）。也就是说，他发现了原材料，然后使用它。他甚至创造了这个词，世人觉得这个词非常滑稽，于是毫不犹豫地把它当作一个粗俗幽默、半带责备的词。原先使用的词是"教书小妈妈"，但到了友好的彼岸之后，我们把它译为"教书女士"。接着我们就咻咻地窃笑，还嗤之以鼻。

福禄贝尔于 1852 年去世。他创办的第一所幼儿园，直到他将近六十岁的时候才成功，但这个想法有意无意地在他头脑中不断完善，历时三十多年。

这些年来，他一直就教育的主题进行思考、写作和实验，而他几乎变得垂头丧气。他观察到，六岁就是"学龄"。也就是说，孩子应当到了六岁才上学——他的教育由此开始。

福禄贝尔曾在一所乡下学校和寄宿学校教书，他发现，早在学龄之前，孩子已经开始学习观察和游戏，而这些对成长都有影响，和真正的上学一样有很大的影响。

在福禄贝尔寄宿的大家庭中，他注意到，大一点的女孩可以照顾小一点的孩子。经常是十岁的女孩，穿着长得可以盖住膝盖的衣服，怀里抱着一个婴儿，后面跟着两个蹒跚学步的小孩，这个十岁的孩子才是"小妈妈"。真正的母亲在地里干活，或是在干家务活，而这位"小妈妈"会带孩子出去玩，或是在母亲工作时逗他们玩。

福禄贝尔的愿望是教育人类，但每天要在学校待几个小时，要他面对一个完全无情的家庭环境，会有什么样的结果呢？

拿着教育问题去接触母亲并让母亲对其感兴趣，这几乎是不可能的。辛苦劳动、缺衣少食、贫困潦倒，已经抹杀了她心中的所有浪漫和热情。她是发育停顿的牺牲品；但"小妈妈"是个孩子，敏感、未完全发育，她可以受到教育。家庭必须与学校合作，否则学校教的所有东西，在家里全部会忘记。福禄贝尔也发现，往往"小妈妈"为照顾弟弟妹妹的责任而过分劳累，被迫辍学。此外，当时普遍存在的看法是，无论如何，接受教育主要是男孩子的事。

就在此时，福禄贝尔进行了干预，证明自己是打破常规者，就像本·林赛开辟青少年法庭所做的那样，放弃了固定的司法程序，甚至省略了证人宣誓的程序，即使这些小调皮鬼撒谎，本·林赛也相信他们。

福禄贝尔告诉这些"小妈妈"，让她们无论如何也要到学校来，把幼儿也一起带过来。

然后，他开始努力教会这些女孩如何逗乐、消遣及教导幼儿。而他经常说，是幼儿教导了他。

其中的一些半大女孩表现出罕见的教师天赋。她们融合了母爱和教学的天资。

福禄贝尔在教别人时请她们帮忙，这样他也可以教她们。

他发现，教师就是能找出课文中的主要内容的人，真正的教师是学习者。他把这些女孩老师称为"教书小妈妈"，就此发明了这个词和这个职业。

福禄贝尔创办了第一所培养女性做老师的正规的模范学校，而这只不过是发生在不到一百年之前。

随着时间的流逝，这些"小妈妈"有了自己的儿女，而正是这些孩子进了第一所真实、真正的幼儿园。

此外，正是这些母亲，她们成立了第一批母亲俱乐部。

正是这些俱乐部吸引了当局的注意力，当局想象不出，除了策划反对政府的阴谋之外，这样的俱乐部还有什么目的。

不管怎样，如果有这样的一个制度，提供这样的知识，说女人和男人一样聪明，一样善良，一样能干——从天性来看同样适合教书——这样的制度会使教会惶恐不安。如果女人能闯入学校，她们也同样会闯入教会。此外，鼓励游戏，这太糟糕了。我的上帝啊（或者诸如此类的话），竟然在教室里玩！哎呀，即使是傻瓜都知道，它会阻碍教育的发展，简直是教育饭盆里的那一颗老鼠屎啊！如果福禄贝尔先生愿意发明一种办法，去掉教室里的游戏，可以给他提供津贴。

孩子天性是善良的想法，被认为是异端邪说。新生理论从何而来？人又怎么会再出生一次呢！自然人对上帝充满敌意。我们是在罪恶中孕育出来，在邪恶中出生的。《圣经》里已经说过无数遍了。

然后就来了这么一个人，自以为比有史以来的所有牧师和学者都更有学问，使这些愚蠢女人的头脑中装满了这些想法，认为她们天生就是教书的，而不是在地里干活或干家务、服侍男人。

我的老天啊，这些女人知道的东西已经够多了！如果这样的事继续发生，男人都要离开地球了，女人和孩子将统治这个世界，而且是通过游戏的方式统治。啊哈！所罗门是怎么说的？不打不成器。而这些女孩说，不是这样的。

必须阻止这事的发生，不然德国将成为天下人的笑话——谁敢提"幼儿园"这个词，用九尾鞭伺候！

"让小孩子到我这里来，不要禁止他们，因为在神国的，正是这样的人。"如果说出这些话的人[1]获得了一点点鼓励，他可能就会办一所幼儿园，给幼小的灵魂提供一个地方、一个环境，让他们能在那儿开花结果。他天生是一位教师，他最好的学生是女人和孩子。男人容易自认为已经知道一切，因此不会接受别人的想法。

九百年前的耶路撒冷，与1805年的柏林大致相似。在这两个时间，都是傲慢的牧师、贵族兼军人至高无上。他们都对自己的心理素养和教育方法非常满意。他们是真心这样认为的。把耶稣从十字架上杀死的联

1　指耶稣。

盟，与对弗里德里希·福禄贝尔下禁令的集团，非常相似。他们使创立幼儿园变成了犯罪行为，使一位最温和、最崇高、最纯粹的人，一位曾经赐福给这个地球的人，快速地离开了人世。

福禄贝尔辞世时正好七十岁。"他的眼睛没有变得模糊，他的力量没有因此而减弱。"——他充满了从未有过的热忱与希望。他的思想正在传播开来，成功终于到了门口——他的母亲俱乐部为数众多，"爱"就是口号。正当他的事业欣欣向荣之时，突然来了官方的命令，没有警告、道歉或解释，也不允许申诉。让人寒心，让人恐惧，同样的野蛮，流放了理查德·瓦格纳[1]，打乱了弗里德里希·福禄贝尔的生活，伤透了他的心。但如今这些名字已经成为这块土地的骄傲与荣耀，尽管它曾经如此地藐视过他们。统治者应当对自己的不谬性有着合理的怀疑，而应对男人、女人和孩子们充满真诚的信念。教书好过统治。我们，都是神的幼儿园里的孩子。

1　理查德·瓦格纳（1813—1883）：德国作曲家，尤以其浪漫歌剧著名，常以德国的传说为其作品基础。作品包括《唐怀瑟》（1845）和四幕歌剧《尼伯龙根的指环》（1848—1874）。

希帕蒂娅

希帕蒂娅

希帕蒂娅（Hypatia，约370—415），古埃及杰出的女科学家、哲学家，也是有史记载的第一位女数学家。希帕蒂娅在亚历山大从事科学与哲学活动。约在400年，成为亚历山大的新柏拉图主义学派的领袖，在反对基督教、为异族辩护方面起了突出的作用。早期基督徒在很大程度上把科学视为异端邪说，把传播希腊传统文化的人视为异教徒。亚历山大行政长官奥雷斯特斯同基督教教长西里尔有着尖锐的矛盾。她同前者的交往更激发了西里尔的仇恨。415年（一说430年）的一天，在西里尔的指使下，一群暴徒把她从马车上拉到教堂里残酷地杀死。历史学家常把这一宗教迫害科学家的罪行作为古代希腊学术开始衰退的标志。

新柏拉图主义是一种渐进的哲学，它未曾期望向那些心智有限的人阐述终极状态。人生是一幅逐渐展开的画卷，我们走得越远，领悟的真理就越多。了解清楚我们眼前的事物，是为了解它们之后那些更为深远的事物所做的最佳准备。

——希帕蒂娅

希帕蒂娅
HYPATIA

希帕蒂娅的父亲叫席昂，是亚历山大城一位著名的数学家与天文学家。如果不是因为他女儿的伟大光环被遮挡的话，他应该会被人们看作一位非常伟大的人。

在那个时代，天文学与占星术浑然一体。数学在那时是相当有用的，但不是用于民用工程，而主要是用于搞清楚：在某一确定的行星上诞生的某一特定的灵魂，在未来的某一特定时间，将居于何处。

我们对希帕蒂娅的母亲一无所知——她太忙于家务，以至于她的存在仅仅是一种假设或是先验的推理。于是，基于有一个女儿，我们推理出应该有一位母亲的存在才是。

希帕蒂娅毋庸置疑是她父亲的女儿。他是她的私人教师、导师及玩伴。他倾其所知，全部教授予她。在她年届二十之前，他已告知她一个她事先猜到的事实：他的那些所谓的知识，大部分只是推测而已。

席昂教导他的女儿：所有林林总总的宗教，都伪称在传播完全的真理，它们其实都是相当错误、虚伪、具有欺骗性的。他向她解释道，他自己的天文学与占星学职业，都只是为他人所用。他将所有的宗教派别教导给她，随着年岁的增长，她对它们有了相当的了解，因此无一种宗教能占据她的心灵，迫使她放弃追求新的真理。拥有一个强加于你的宗教信仰，被迫信仰它，否则就要遭到社会排斥，这是对你的信仰权利的欺骗。从某种程度上来说，那是在让别人来侵占你的人生。对一个孩童来说，他并不需要宗教，直到他已长成，能够使宗教进化发展。此时，他绝不能被一个递到鼻子跟前的、有备而来的救赎计划，给剥夺了独立思考的权利。头脑同身体一样都需要锻炼，思维被替代与替别人锻炼身体一样都是错误的。力量源自个人努力。思考是人的本能，如若不是被威吓胁迫，人们完全能够发展出一种有用和有益的人生哲学来。

宗教狂热是纠缠于一个外来的信仰的结果。假如让人离群索居，没有人会因为宗教方面的原因而变得精神失常。因为，他自己发展出的宗教，将会是一个充满着快乐、欢笑与爱心的宗教，而不是相反，充斥着痛苦与恐惧。饱含着痛苦与悲哀的宗教，是由神职人员别有用心地设计好的，居心不良地要去统治奴役、盘剥劫掠。通过这些形形色色的巧取豪夺，我们便有了这么一个道貌岸然的胁迫体制，来让人们乖乖交钱。这是将强盗行径，浓缩为一个制度，并最终让盗贼们虔诚地笃信不疑。这些鸡鸣狗盗之徒执迷不悟，坚信自己是在做着为上帝服务的圣事。

"所有一本正经、自以为是的宗教，都是荒诞虚妄的，并终将不为自尊自重的人们所接受。""保留好你自己思考的权利吧，因为，即便是思考错误，也胜过完全不思考。"

席昂对希帕蒂娅说道。

席昂进行演讲，并秘密教授隐微术课程，这些课程传授了最深处、最隐秘的神性奥秘。同时，他有个研究炼金术与青春永驻的秘方的计划。无事可做时，他与女儿玩游戏。

二十一岁时，希帕蒂娅已经掌握了所谓的演讲术，或曰口头演讲表达术。

将为后人所铭记的是，罗马人将演讲术，或曰演讲艺术、雄辩术，当作人生之第一要事、重中之重。通过个人形象展示，从而给人们留下深刻印象，他们把这当作天赋异禀、宝中至珍。

这种观念一直由文人雅士们所持有，直至意大利文艺复兴运动时期，出现了印刷术，书面文字开始被认为比口头语言更为重要。前者是长生不灭，而后者则随风而逝，仅留在人们的记忆之中，并在传递过程中逐步衰减、稀释、削弱。雕刻与绘画的复兴，也将演讲术推至它的合适位置：它被当作诸多文雅技艺中的一个，而非鹤立鸡群、傲立于世之物。

席昂着手制造一个完美无缺的人。不知是他的那些图表、定理与公式组成了一个完整的优生法则，还是遇上了误打误撞的好运。我们只知道：他几乎成功了。

希帕蒂娅身高五点九英尺，体重一百三十五磅。这是她二十岁时的情况。她能步行十英里而毫无倦意，游泳、划船、骑马、登山，样样在行。通过她父亲发明的一系列柔软体操，结合一些呼吸锻炼，她长就了极其优雅的身材。她的头部线条分明。一次，O. S. 弗洛尔教授告诉我们说：如果一位女士要有目的性地、精密地思考的话，就必须有一个长得像她那样的头。

于是，当她父亲完成了他的炼金术的计划时，她已出落成罕有的花容月貌、仪态万方、体力过人、活力出众。希帕蒂娅开始从事起她父亲的工作，讲授天文学、数学、占星学与雄辩术。希帕蒂娅的嗓音如笛声般悠扬婉转，运用自如，从不刺耳嘈杂或令人生厌。席昂熟谙合适的鼻子与咽部的护理之道，这种护理知识对现代的我们来说，都已经是稀世罕见了。希帕蒂娅传授并实践了声音圆润、停顿、过渡音、滑音的技巧，以及温和轻柔、从容不迫的语调，使人精神愉悦、印象深刻。显而易见，她熟谙心理暗示的法则，并毫无疑问地在她的课堂上实践了催眠术。这也许是我们熟知的神秘世界代理人的起源，即便她从未为此贴上过标签。

她的一个观点影响非常久远，即：年轻人的头脑是易塑的，灌输其中的所有东西将被不加质疑地接受。年轻人传承着他们长辈的思想，而这些思想一旦在这些可塑性极强的头脑中留下印记，便再也无法加以抹除。

希帕蒂娅说：

> 寓言应该被当作寓言来讲，神话应该被当作神话来讲，神迹应该被当作充满诗意的想象来讲。而将迷信当作真理来讲，则是件糟糕透顶的事情。儿童的头脑容易接受迷信，只有经历了巨大的苦痛或不幸，才能在饱经风霜之年有所缓解。事实上，人们会与迷信抗争，速度快得简直跟与真理做斗争一样，甚至往往更快。因为迷信是如此的不可捉摸，人们无法真正把握并拒绝它。真理则只是一种看法与观点，容易被加以改变。

渐渐地，在希帕蒂娅美丽而天才的头脑上，偷偷地飘过一朵疑云。那是关于她自己的才学的，因为这些"才学"，不是通过进化或从经验中得来的信念，而是从她父亲那里移植到她那可塑性很强的头脑中的。

在这种思想训练中，希帕蒂娅比她父亲更进一步，因为他似乎有个很教条的对一些无法验证之事的信仰。他把这些东西都教授到那个可塑性强的头脑中了，如同他所熟知的其他东西一样。席昂是一个教条的自由主义者。一个狭隘的一神教教徒，与一个自由主义的天主教徒之间的区别或许是微乎其微的。

希帕蒂娅清楚地看到，知识是从我们的直觉中提炼出的精华，并以经验加以反复证明了的。然而，信仰是在我们受制于人、被人影响时，对我们思想所施加的印记。

这些事情给这位可怜的姑娘带来了很多不快乐的时光，而这件事实本身，就已证明了她的伟大之处。只有杰出人物，才拥有怀疑一切的能力。

极有可能，连百万分之一的人都无法做到与自己的思想保持足够远的距离，并对它加以审视，看它是如何运转的。观点趋于陈旧保守，而人在人生历程中，不断对他人进行催眠。从未有过一刻能意识到，自己年轻时也曾被人催眠，并从未能够摆脱过此种催眠。

这就是我们虔诚的朋友们言之所指啊，当他们说"把孩子交给我管，直到他十岁，之后，就还给你吧"，那就是，他们可以在孩子可塑性较强的年纪时带着，给他的头脑施加难以磨灭的影响。在一个传统的犹太家庭长大的孩子，将长成为一名自以为是的犹太教徒，并可以与你辩论整整六天六夜。

天主教徒、长老会教徒、浸信会教徒，也不外如是。我曾认识一名阿拉珀霍族[1]印第安人，他四岁时就被带到马萨诸塞州。他不仅带着新英格兰人的偏见长大，而且有着新英格兰口音，他还把零钱攒起来，捐给那些也许能"皈依"红人[2]们的传教士。

当怀疑抓住了希帕蒂娅的心灵时，她的思想便只是一个从她父亲那里印来的蜡模而已。她开始制订计划，摆脱他的影响。她所有的解释都是徒劳，但当她置身于一直所向往的旅行之途，希望周游世界并结识饱学之士时，她父亲默然同意。于是，她便开始了她的旅程。他也曾想同行，但这并不是她所期望的，他从未了解到这一点，也未能明白个中缘由。

她在雅典盘桓了数月，她的年轻、美貌与学识，为她赢得了出入顶尖阶层的通行证。同样的情况发生在罗马，以及意大利其他各个城市。金钱也许能让你接近上流社会，而才华，却永远是一件如芝麻开门的法宝。她像位公主一般游历，也像公主般地被人接待，虽然她并无贵族的地位或头衔，亦无这方面的声名。美貌本身并不是一道能走遍天下、畅通无阻的国书——还不如说它是个被猜疑的对象，除非它有智慧同行。

希帕蒂娅讲演数学。当时有一种谬论广泛流传，如今亦大行其道，那就是：女人的头脑是完全非数学性的。希帕蒂娅在每个城市会见的伟大的男士们，都会对她在数学方面的精通惊讶不已，接着便是羞愧交

1　阿拉珀霍族：美洲土著居民，印第安人的一支。曾居于科罗拉多东部与怀俄明东南部，现多散布于俄克拉何马州与怀俄明州中部。传统的阿拉珀霍人主要是以在北美大平原上狩猎水牛为生。
2　红人：即印第安人。印第安人曾被称为红人、红种人，因为他们的皮肤经常是红色的，后来才知道这些红色是习惯在面部涂红颜料所给人的错误认识。印第安人为黄种人，是美洲最古老的居民，也是除因纽特人外的所有美洲土著居民的总称。

加，这也是不难想见的。正处在那个特殊的、秃顶的、催眠阶段的少数男性教授们，在女性之魅力使人眼花缭乱、诱惑连连时，欢天喜地、兴高采烈地聆听着希帕蒂娅分解出一个个对数，化解了一个个微积分。然而他们对她所说的词一个都听不懂，却宣称她便是密涅瓦[1]转世。她对近距离接触的冷漠，更加深了他们的猜疑。

对希帕蒂娅这次访问当时在世的伟大哲人们的朝圣之旅，花费了多长时间，我们无从知晓。有人说历时一年，有人则说是十年。

很可能此次朝圣之旅持续了相当长的年头，并且不是连续的。数位哲学家通过向她求婚来证明自己的博爱。而我们有可靠的信息来源揭示，有一两位王子也做了类似的事。面对这些坚定不移的求婚者，希帕蒂娅温柔地发布了这一消息：她已与真理结婚。这无疑是一场动听的演讲，即便在逻辑方面有些不足。而事实却是，希帕蒂娅从未遇上一位心智上能与其匹敌的男士。否则，逻辑将会支持爱情，而不是与之大唱反调。

四处旅行、公共演讲、与名流要人聚会，形成了一个强大的、三位一体的好东西。活泼跳跃的思想，属于年轻的头脑。诗人的称颂比之梦幻犹过：希帕蒂娅永远年轻、永远美丽。甚至于，连时间老人都深爱着她，拒绝敲响她的丧钟，拿着他的沙漏与镰刀[2]一掠而过。

某种程度上，她已追随她那伟大的榜样柏罗丁[3]，熟习了所有的宗教流派。她知晓了种种人生观，以至于绝对不会相信它们中的任何一个。

1　密涅瓦：智慧与工艺之神。

2　西方神话中的时间老人，同时也是代表死亡的骷髅收割者，带着镰刀和沙漏，沙漏用于计时，时间一到，谁也逃不过那把镰刀。

3　柏罗丁：埃及裔古罗马哲学家，创建了新柏拉图主义，著作被收于《九章集》中。

亚历山大城是当时世界上的知识与才智的中心。居住在那里的人们，称它为宇宙之中心。它是东方与西方的交汇之处。

而希帕蒂娅与她的星期四演讲，是亚历山大城首要的智慧盛事。

她的哲学，被她称为新柏拉图主义，是经过希帕蒂娅的思想蒸馏器提炼而得的柏拉图。为什么人类思想倾听过去的声音，喜欢通过构筑于他人之上来证明自己——这将是一个非常有趣的考查。阐释摩西的言行，寻找通往《圣经》的金钥匙，创办一所新的哲学学院，基于柏拉图是正确的这一假设。这一切太有诱惑力了，除非到了彼时彼处，才能真正顿悟觉醒。

现在这些朝圣者从雅典、罗马，以及海中诸岛赶来，安坐在希帕蒂娅的脚下，聆听着。

希帕蒂娅约生于 370 年，卒于 430 年。希帕蒂娅对亚历山大城的影响，绝不属于艾迪夫人[1]对波士顿的那种影响。她是一个将社会分裂为势不两立的两派的人：一派将她敬若光明之神，另一派则将她视作黑暗的使徒。

强壮的男人们对她的授课给予的赞扬，使用了一些极端的语言。然而，他们对她的褒或贬，如今都已无足轻重。他们朝那些拒绝承认希帕蒂娅的魅力的人尖声喊叫、嗤之以鼻或是面露微笑。一些饱学的教授，试图将她排挤在外；牧师们轻轻地、不停地朝她呸呸啐口。而另有一些人则扬扬一边的眉毛，问这个名字怎么写啊。其他人，则仍在追问："她是虔诚的吗？"

1　艾迪夫人：基督教科学会创始人，该教会由她在波士顿创建。

她是她那个时代的拉尔夫·沃尔多·爱默生。她的哲学是超验主义[1]。实际上，她是康德哲学学院最原始的创办人之一。她的主题是"新思想"，因为，"新思想"是我们所知的最古老的思想的形式。它的突出特征，便是它的古老。苏格拉底确实是表达"新思想"的第一人，而他的灵感，则是来自毕达哥拉斯。

希帕蒂娅的远大抱负，是重现百花齐放、繁花似锦、盛极一时的希腊。那个时代，苏格拉底与柏拉图手挽手、肩并肩地走过雅典街头，身后跟随着一群这个世上曾有过的最伟大的智者与学者。

有人控诉说，希帕蒂娅把阿斯帕西娅当作自己的榜样，她的野心是跟随那个伯里克利所钟爱的女人的足迹。果真如此的话，这种野心，也是与一个伟大的灵魂相匹配的。然而，希帕蒂娅却并没有自己的伯里克利，并且终身未婚。如果说她应该有过感情经历，这也是非常自然的。而那些加之于她的形形色色、林林总总的想象出来的罗曼史，也都不足为怪了。

从伯里克利与阿斯帕西娅的时代，到希帕蒂娅，中间相隔近千年。但要在这段烟波浩渺的时间长河之上，凌空架起一座想象之桥，并非难事。希帕蒂娅认为，新柏拉图主义将会青出于蓝而胜于蓝，因为世界已经有了奥古斯都时代作为垫底。

希帕蒂娅最直接的榜样是柏罗丁，他生于 204 年，活到七十岁。柏罗丁是第一个使用"新柏拉图主义"一词的人，因此，希帕蒂娅的哲

---

1 超验主义：一种文学和哲学运动，与拉尔夫·沃尔多·爱默生和玛格丽特·富勒有关，宣称存在一种理想的精神实体，超越于经验和科学之处，通过直觉得以把握。

学，似乎应该被称作"新－新柏拉图主义"。

要了解一个宗教的最好的办法，就是不要去了解它。

实际上，迷信存在于这一种事物中——忠诚于一种宗教，抗拒所有其他宗教。

只了解一种哲学，则是什么都未了解。它们都是相对的，每个哲学都只是圆圈上的一小段弧而已。某一个人，处在某一特定的环境中，有着某种特定的观点，描述出他的所闻所见，而在此之外，再加上他的想象空间，这一切，便形成了他的人生哲学。如果他受到压抑、镇压、恐吓，他将不会看到很多，并且他确确实实亲眼所见的，也必定是模糊难辨。精神上的斜视与智力上的近视，是对宇宙所投射的不真实的管窥之见。所有正儿八经的宗教，都训导说追寻自我是邪恶的、堕落的。哥白尼透过自己阁楼屋顶的窥视孔观察，为此付出了宝贵的自由的代价，但这是值得的。

柏罗丁研究了所有哲学——宗教流派。他游历过埃及、希腊、亚述[1]、印度。他成为一位"高人"[2]，并发现牧师一跃而成为神职谋略家是如何地轻而易举，诡计、戏法、与神迹的那些骗人之术，是对世间真理的修修补补。似乎热爱人类这一点，还不足以推荐介绍那个人，他们让他把水变成酒，还成为"水上漂"在水上走路。

在历史与思考的迷宫中，柏罗丁回报给柏拉图的，是人类能加以领

---

[1] 亚述：兴起于美索不达米亚（即两河流域）的奴隶制国家。设都于尼尼微（今伊拉克摩苏尔附近）。亚述人在两河流域的活动时间约有两千年，可以说是两河文明历史上延续最完整的国家。虽然有时强大，有时衰落，但独立的亚述一直存在。前900年前后，亚述空前强大，成为帝国，然后于前605年灭亡。

[2] 高人：即能人异士。用在神秘学方面，就是指那些对神秘事物具有深刻了解，并有相当能力的师父、高人、大师级别的人。

会的、所有真理的基础，或曰起点。柏罗丁相信所有的宗教，但对之绝对忠诚的，却完全没有。将为人所铭记的是，亚里士多德与柏拉图，因诗歌与科学的相对价值而分道扬镳、各奔东西。科学，是关于大自然的系统化的真相集合。柏罗丁风尘仆仆地走进来说，你们俩都是正确的。只不过，你们每人都像通常所有的好人那样，对自己的成就的重要性，会有一点点的言过其实而已。对能在万物之中发现真善美的天资这一方面，希帕蒂娅将柏罗丁置于柏拉图之前，即便她也曾说："如果这世上不曾有柏拉图，也将不会有柏罗丁。虽则柏罗丁超越了柏拉图，然而显而易见的是，柏拉图，这位柏罗丁以及如此众多的人的启发者与激励者，是哲学无法离开的那个人。万岁，柏拉图！"

希帕蒂娅的著述都已失传于世，仅有些只言片语因她同时代的人的引用而流传下来。如果将《爱默生随笔集》全部销毁灭迹，爱默生将依然永存于他笔下的语录之中，在最近五十年中，每位有价值的作家都用纸笔记下此君的语录。萨福[1]虽是佳人已逝、香消玉殒，但她的文字与影响仍存于世。而查尔斯·金斯利[2]为保存这位伟大女士的作品，使她在他的书中永生、搏动。传奇文学则把她描绘为世间罕见的美丽动人、风姿优雅、泰然自若、魅力无限。

她享年六十岁。史书则好心地说是四十五岁——并且，所有人都将

1　萨福：古希腊女抒情诗人。有人把她同荷马相比，柏拉图曾誉之为"第十位缪斯"。近代欧洲很多诗人曾沿袭她自创的一种诗歌体裁，并称之为"萨福体"。

2　查尔斯·金斯利（1819—1875）：英国维多利亚时代作家、宗教思想家、历史学家、博物学家。创作的小说有《酵母》《阿尔顿·洛克》《希帕蒂娅》《赫雷沃德守夜日》等，儿童文学作品有《水孩儿》《希腊英雄传》等。

她描画成直到走向人生终点时，仍是美丽端庄、楚楚动人的。那些身着优雅长袍、声音圆润低沉、手势简洁干练、举手投足均饱含激情的人，他们在初次阅读时，心灵上受到怎样的震撼，从未有人彻头彻尾地描述、分析或阐述过。人们蜂拥而来聆听希帕蒂娅的演讲——从路途遥远的地方而来，如饥似渴地倾听。很可能他们带走的，正是他们带来的，除了满腔的欢喜与巨大的热情。听众离开时脚步轻快，心花怒放，心潮澎湃。这就是演讲的艺术魅力，它并不太像事实的描述，而是情感的分享。希帕蒂娅肯定做到了这一点。她的主题是新柏拉图主义，"新"意味着崭新、不同以往。所有的新思想都可追溯到柏拉图，而他则是苏格拉底的代言人。"说出你之所愿，你都将在柏拉图中找到。"新柏拉图主义是我们的新思想，新思想就是新柏拉图主义。

世上有两种思想：新思想、"二手"思想。新思想是由你、你自己思考出来的。而"二手"思想则是经纪人提供给你的。新思想的突出特点是它的古老。它不可避免地要比"二手"思想更早先、更古老。所有真正的新思想，对思索出它的人来说，是绝对真实的。只有当它闲置不用或是主人逼迫他人接受时，才会变酸变坏、走向歧途。此时，它便成了二手启示。所有的新思想都是启示，二手启示则是愚蠢到家、贪婪跟随的错误了。

我们经常因受他人启发而开始思考，但在我们的内心，我们有着自己的新思想。这些人啊、书啊、事件啊，也只不过是在提醒我们，新思想已经是我们自己的了。新思想往往很简单，二手思想则总是深奥难懂、错综复杂、七拼八凑、标新立异、奢华昂贵，传递出去是为了让人接纳，而非为人理解。若天下无一人能理解它，倒往往成了它登堂入室的引荐书。

比如，"汝勿为己雕制任何偶像"[1]，这便是典型的二手思想。世上说出此话的第一人，也许还明白它是什么意思，但它对我们而言，则是一钱不值。然而，这并未阻止我们假模假样地鹦鹉学舌、人云亦云，还非得让我们的孩子也将它熟记于心。

我们用泥或蜡制作模型，精雕细琢一番，并将荣耀与名誉给予我们制作的对象，这样便皆大欢喜。这条戒律是基于这样一个谬论之上的：雕制的偶像都是神祇，不论它是何方神圣。这一诫命对我们的幸福毫无益处，对我们的修身立命亦无所裨益，对我们的习惯习性绝无影响。这世上的每一个人，对这一戒律的徒劳无益均已了然于胸、直认不讳。然而我们还是未能将它从我们的神学体系中抹去。它是彻头彻尾的二手货——甚至更糟，它是垃圾！

相反地，这一箴言："为人要文雅温和，保持声音轻柔。"这就是新思想。因为除了野人、蛮人之外，所有人都明白它的真实性，理解到它的重要性，领会到它的优越性。

二手思想的掮客们，往往声称他们的思想是世上唯一至真至诚的，而所有其他思想都是虚假与危险的。

新思想的推销者则说："只有当它呼应了你自己的心声时，才把它拿走吧——全部接受它，或是部分地拿走，或是全部拒绝它——任何情况下，都不要仅仅因为我这么说，你就相信它。"

新思想建立于你自己的天性的法则之上，它的口令是："了解你

1　原文为古语，引自《出埃及记·第二十章·摩西十戒》。

自己。"

二手思想的基石则是权威，它的口号是："先当冤大头，再当跟屁虫。"

如果你接受了它，新思想并不会给你任何永享天堂或是天赐洪福之类的承诺；如果你不接受它，它也并不会给你以永无止境的炼狱、暗无天日的地狱之苦的威胁。它所给予的，是永恒的工作、持续的努力与层出不穷的挑战。每个成功的背后，都是一个全新的尝试。它唯一的满足，便是你正在使你的人生画卷，依据它的天然法则，徐徐展开。这些法则是神圣的，因而你自身也是神圣的，因为你允许这些神圣之物占据你的身心。新思想让这股神圣之流畅通无阻地穿越你。

二手思想不提供任何排解之法。它倾向于壅塞充血、红肿发炎、疾病缠身、衰变老化。

新思想将世间万物，包括思想，都轻轻地、柔柔地、轻松地捧在手心。它为一个健康有益的循环系统而工作，为现在和未来，努力经营出蓬勃向上、幸福快乐、安宁康乐。它从不相信暴虐、武力、威压或怨恨，因为它们都会反作用于施威者。它坚信所有人如果未受他人妨碍干扰，也必将发展出新思想，为他们自己做那些至佳、正确、美丽与真实的事。

二手思想永远将掮客贩夫的利益放在第一位。而消费者的权益，除了将他们置身于隶属服从的地位之外，从不考虑其他。实际上，它的首要宗旨便是："它是一个不错的警察系统。"

新思想考虑的只有用户。"了解你自己"是它的所有内涵。

当一位新思想的创造者进入兜售他的产品这一行当中时，他往往会忘了去实践它，并迅速转换为一个二手思想的掮客。

这就是所有二手思想的商贩最初的面目。由于求胜心切，他们召集了警察。而被强迫的祝福，已经走了味。任何强加于我们的道德体系，都是不道德的。新思想是自由的思想，它的处罚是责任。你要么实践它，要么失去它。它的报酬是自由。

仅仅在希帕蒂娅时代之前的一百多年，罗马帝国成为基督教国家。当君士坦丁拥抱基督教时，她所有的忠诚的臣民，从那一刹那起皈依基督教——通过宣布的法令成为基督教徒。但从本性上来说，他们还是异教徒，因为人们的本性无法通过某个决议而改变。从那时起，每一座异教庙宇，变成了基督教堂；每一个异教僧侣，变成了基督教牧师。

亚历山大城置于一名罗马行政长官，或曰提督的统治之下。罗马的政策曾经在宗教事务方面比较宽容。可以肯定的是，当时有国教，但它仅为贵族或开国功臣们所有。去照顾平民百姓的宗教信仰，那可是太多此一举了——他们被允许拥有他们自己那些奇奇怪怪的信仰。

罗马帝国为了满足其追逐权力的贪欲，曾经胆大妄为、厚颜无耻、凶狠残暴。但向它缴纳税赋的人们却是相对的安全。如今，教会开始与政府竞争，努力把掠夺变成一种制度。

把人民死死地压迫在底层，手段是通过精神压迫——迷信作驱动力——会大大便宜过雇用军队，或诉诸旧时代的那些方法：演示、壮观场面、补贴金，以及昂贵的娱乐。当教会接过政府的职能，寻求代替恺撒的温和的救世主时，它不得不修订基督的教义。然后，破天荒地，威压与爱心同在，相处泰然。"离开吾，汝将受咒，入永久之火狱，与魔鬼及其守护神一起。"类似的语句，道貌岸然地混入《圣经》的章节中。这一现象持续了数百年，被认为非常合适、合法。它只不过是隐藏得极深，躲在一个隐隐约约的形式下的奴役制度而已。

亚历山大城的主教与行政长官奥雷斯特斯有冲突。通过精神手段来控制人民，远优于通过那些老掉牙的、胡萝卜加大棒的办法——主教如此认为。

奥雷斯特斯已是希帕蒂娅演讲的座上客，柏拉图的思想已充满他的大脑。

"通过对来世的惩罚的畏惧，来禁锢人们的头脑，与动用武力一样卑劣。"希帕蒂娅在她的一次演讲中说道。奥雷斯特斯当时坐在听众席上，当她说到此话时，他鼓起掌来。这一消息被传到主教那里，主教平缓而轻声地宣称要将他逐出教会。

奥雷斯特斯回话说："罗马大帝应该被通知到，这位主教是如何滥用他的职权，威胁把他不喜欢的人放到来世的地狱中去的。"主教与行政长官都无法将对方赶下台去——他们的权力都来自皇帝。由于奥雷斯特斯对希帕蒂娅讲课的兴趣与日俱增，而不是与主教立场一致、肩并肩，这一点被那些教徒看作大逆不道。

奥雷斯特斯试图为自己辩护，宣称恺撒大帝的政策一直是对所有哲学学派宽容有加。接着，他引用希帕蒂娅的意见，说一个一成不变、中规中矩、自以为是、教条主义的宗教信仰，将会麻痹人们的思想，将整个民族引入思想贫乏的荒芜之地。

为此，主教应该固守其位，不要试图篡越警察的职权。实际上，错误地思考，总比完全不思考好得多。我们通过思考学会思考，如果主教大人的威胁完全为人相信，那它将意味着科学与哲学的死亡。

主教做出回应，宣称希帕蒂娅正努力建立起一个她自己的教会，基于的是异教希腊。他还暗示道，奥雷斯特斯与希帕蒂娅的关系，几乎是克利奥帕特拉[1]与马克·安东尼[2]的关系的翻版。他称她为"托勒密[3]之女"，暗示如果她有这个能力，她就会在亚历山大城，克利奥帕特拉曾如此自豪地统治过的城市，建立起一个埃及帝国。

民众被激起的兴奋与日俱增。必然地，希帕蒂娅的追随者在人数上少于敌人。这些追随者是思想者，思考是一项任务，而去相信却很简单。主教承诺给他的追随者们一个轻松惬意的天堂，他同时威胁那些不信基督教的人，他们死后将享地狱之苦。一边是充满诱惑的承诺，另一边是恐怖瘆人的威吓！有史以来，竟出现过这样一个人，用她诚实的思想，对抗披着绝对权威的长袍的人给出的这类教义，这难道不会令人惊叹不已，视为非凡奇迹吗？

希帕蒂娅如果昨天还活在世上，她死于暴徒之手，完全是可能发生在波士顿的一场意外。在波士顿，一群受人尊敬的人，曾把绳索套在一位好男人的脖颈上，将他拖着在街上跑。而他，被怀疑献身于解放与自由的演讲。

暴民是由废旧棉花充塞而成的，浸透了油污。一个聚焦的思想火

---

1 克利奥帕特拉（约前 69—前 30）：埃及托勒密王朝末代女王，被称为"埃及艳后"。她聪颖机智，擅长政治，一生富有戏剧性。特别是卷入罗马共和国末期的政治旋涡，同恺撒、安东尼关系密切，使她成为文艺作品中的著名人物。

2 马克·安东尼（约前 83—前 30）：古罗马政治家和军事家。恺撒最重要的军队指挥官和管理人员之一。恺撒被刺后，与屋大维和雷必达组成了后三头同盟。前 33 年，后三头同盟分裂。前 30 年，安东尼与埃及女王克利奥帕特拉一同自杀身亡。

3 托勒密（前 367—前 282）：古埃及统治者，托勒密王朝的建立者。建立了亚历山大图书馆和博物馆，死后被尊奉为神。

花，便会激发出熊熊烈焰。让一场大火点燃纽约州的大部分乡村吧，城镇变为毁坏一切的破坏者，掠夺品在村民们狭隘的头脑中，膨胀隐现。文明只不过是块遮羞布。

当有人看见情感用事者在一场福音复兴会上胡作非为，四处撒野，五千号人成群结队地列队前进，在半夜三更时通过一个肮脏不堪的街区时，请问诸君：您认为，一个强大的反对的声音能被容忍多长时间？

当希帕蒂娅坐在从演讲大厅回家的马车上时，她遭到一群宗教分子的攻击。这些人将她拖到附近的一座教堂里，妄图让她公开放弃自己的思想主张。然而，死灰复燃出火花，继而火花演变为一场旷世大火，领头者失去了对局面的控制。这位妇女的衣袍从她后背被撕裂，她的头发被扯下，她的身体被打成肉酱，四分五裂。之后，为掩藏这起令人发指的恶行的一切痕迹，罪恶被分摊给诸多暴徒，这样的话，就没有一人会受到谴责，火葬的柴堆迅速消灭了躯干的剩余部分。它一小时前还是人世间的一个人哪！白天来临，而太阳的熠熠光芒，已无法发现那些罪恶之徒。

奥雷斯特斯对此事件进行了上报，并辞去他的职位，请求罗马政府前来调查此事，接着他飞也似的逃离了这座城市。奥雷斯特斯试图用他的军队来对抗主教，然而士兵们差点造反。调查也因缺乏证人而一拖再拖。最终主教宣称，希帕蒂娅已经去了雅典，这里从来就没有过什么暴徒、暴行或是不幸。

主教提名了奥雷斯特斯的继任者，新的行政长官的任命得到批准。

教条主义作为一个警察制度，可真是至高无上。

这种情形一直持续不断，直到但丁时代，或曰意大利复兴时期。宗教教条主义至上的桎梏，真可谓统治了上千年之久——我们将其称为"黑暗时代"[1]。

---

1 黑暗时代：指欧洲中世纪（约 476—1492 或 1453）或者中世纪早期。罗马帝国衰落后，罗马文明受到破坏，并被蛮族文化所取代。封建割据带来频繁的战争，造成科技和生产力发展停滞，人民生活在毫无希望的痛苦中，传统上认为这是欧洲文明史上发展比较缓慢的愚昧野蛮时期。14世纪的人文主义者把欧洲历史分为两个阶段：一是辉煌灿烂的古罗马与古希腊时期；二是"黑暗时期"。这段发展的停滞时期被称为"黑暗时代"。

圣本笃

圣本笃

圣本笃（Saint Benedict，480—547），又译圣本尼迪克特，即"努西亚的圣本笃"，意大利天主教教士、圣徒，本笃会的创建者。被誉为西方修道院制度的创立者。529年，本笃在卡西诺山（Monte Cassino）感化当时信奉异教的民众，捣毁其神庙，并在神庙遗址上创建本笃修道院。圣本笃于卡西诺山的会院中完成会规的撰写，会规十分严厉，重视体力劳动，但反对过分的形式上的苦修。这部本笃会规奠定了西方隐修生活的模式，他因此被尊为"西方隐修之祖"。

如果旅行的修士来自远方，如果他希望客居修道院，如果他对修道院的习俗比较满意，不会肆意扰乱修道院的秩序，并对所见所闻都非常满意，那他将会受到欢迎，愿意待多久就可以待多久。而假如他找到了什么毛病，或者以合理的方式披露出来，那么，修道院院长会带着慈善团体的谦逊，谨慎地讨论这个问题，免得万一上帝派人来调查此事。但是，如果客人在客居期间喜欢饶舌，不听从命令，那不仅不能让他加入修道院的团体之中，而且还要坦白地跟他讲，他必须离开此地。如果他不离开，就会让两位身强力壮的修士，以上帝的名义，向他"解释"此事。

——圣本笃

圣本笃
SAINT BENEDICT

　　当旅行者穿越意大利南部、西西里及古希腊的某些领地时，会看到残破的拱门、高架桥的剩余部分，时不时会看到一根孤零零的指向天空的圆柱。到处都是沙漠或是孤独的牧场，只有这根白色的里程碑标志着几世纪来走过的道路，用它自己的沉默、庄严、感人的方式讲述着已逝去的岁月的故事。

　　5世纪，一位名叫"叙利亚的西门"的修士，他有个令人熟知的名字是"圣西门"，立下了纯洁、贫困和顺从的誓言。他非常担心自己无法信守诺言。为了使自己的生活绝对不受责备，永远处在公众的监督之下，不受到任何诱惑，不会引起任何非议，他决定，虽然自己还活在这个世界上，但可以不成为它的一部分。为此，他爬上一根六十英尺高的大理石圆柱的顶部，在柱顶上度过一生，这样就绝对不会受到任何人的责备。

　　西门当时二十四岁。

　　这个环境受到了限制，只拥有三样好东西：景色、阳光和良好的通风。但除此之外，这里全是不方便。柱端面积只有方圆三英尺多一点，因而西门无法躺下来。他只能坐着睡觉，头低着放在双膝之间，他以这种姿势度过了人生的大部分时间。只要稍有不慎，就会以这个危险的姿势掉下来，摔死在下面的石头上。

太阳升起时，他站起身，用几分钟的时间，伸出双臂问候、祝福和祈祷。每天他有三次这样的时间，舒展一下自己僵硬的四肢，面朝东方祈祷。此时站在旁边的人会加入他的祈祷，离开的时候就受到了祝福，焕然一新。

西门是怎样爬到柱端去的？

他所在的修道院距此一英里远，同修道院的人说，他在半夜的时候被某种奇迹的力量带到了这儿。他在自己的石屋里睡觉，一醒过来就在圆柱上了。其他修士则说，西门去拜访一位窈窕淑女，神一怒之下逮住了他，把他放到了高高的圆柱上。不过，最大的可能是，他用一把弓及一支箭射出了一根绳子，架起了一个绳梯，然后很轻松地爬了上去。这显然是一位异教徒的观点。

白天，附近疏疏落落的村庄里淳朴的人们可以看到圆柱上的这个人。他一整天待在上面。第二天，他还在那里。日子一天天过去，中午烈日炎炎，夜间凉风吹拂。

但西门仍坚守阵地。

雨季到了。夜幕降临之时，寒风刺骨，漆黑一片，西门低着头坐在那里，将自己穿着的唯一一件衣服，一件黑袍，拉起衣角，盖住自己的脸。

又一个季节过去了。太阳又变得温暖，之后又变得炽热，沙暴肆虐地狂吹，圆柱下的人们几乎看不见柱上的西门。有些人预言说，他会被吹下来，但白天的亮光又映出了他的身影，从腰部以上全身赤裸，伸出双手问候初升的太阳。

每天一次，当夜幕降临之时，一位修士带着一个篮子过来，篮子里装着一瓶羊奶和一小块黑面包。西门垂下一根绳子，把篮子拉上去。

西门从来不说话，因为话语是愚蠢的，不管来的是圣人还是罪人，他都默不作声。他生活在一种永久的敬拜生活当中。

他觉得痛苦吗？在刚开始的几周，他一定痛苦万分。在坚硬的石头表面上，无法休憩，肌肉酸痛，并且只能保持挤迫而危险的姿势。如果他摔下来，这是对他灵魂的诅咒——所有人都对这一点保持相同的看法。

但是，人的身体和头脑几乎可以适应任何情况。至少有一点，西门无须承担经济责任，无须担心社会烦恼与侵扰。不受人欣赏的悲伤、渺茫的希望，这样的烦恼从未扰乱他的宁静。没有哪位有污点的女人、轻佻的女人想和他共栖此地。他未受到时间的压迫。那些总是不守时的人，总是迟到十分钟的人，不会使他生气。他的信件永远不会堆积如山。

西门不需要记住时间的流逝，不需要赴约，不需要完成工作任务，而只要早上、中午和晚上祈祷。

记忆对他而言已经死亡，伤痕已经结痂，世俗的疼痛已从心中消失无踪，坚持不懈已经成为一种习惯。语言因为废弃不用而被遗忘。他吃的食物从数量上尽可能最少，知觉已经麻木，干燥、炽热的狂风已经使他的身体组织变成了一种名叫"圣徒"的东西——因他的坚忍而获得了爱戴、畏惧和尊敬。

这根柱子曾经为一所异教徒神庙的大门增光，如今又成为虔诚的朝圣者的圣地。人们蜂拥而来，前来观看西门的石柱，当他向东方伸出黑乎乎、瘦骨嶙峋的双手时，万能的神灵会在一段时间之内在四周巡游。

由于西门坚忍的精神吸引了众多注意，附近的一些其他石柱上，也有虔诚的修士加顶。它们是逝去的艺术和伟大的标志。他们的想法是，要展示基督教是如何战胜异教的。模仿者不计其数。大约就在此时，主教们集会时会问道："西门是虔诚信教的吗？"为了检测西门的傲慢之心，他被命令从他的隐居地下来。

他的贞操，毫无疑问，他的贫困，无可争议，但他对上方的顺从呢？

命令是由一位主教向他喊出的——他必须放下绳子，拉起一把梯子，然后下来。

西门立即做好服从命令的准备。此时主教们动了怜悯之心，喊道："我们改变想法了，现在命令你留在原地。"

西门举起双手表示敬拜和感谢，然后又重新开始了遥遥无期的柱端生活。

于是他一直这样生活下去——他住在柱子的顶端，从未下来过一次，一直坚持了三十年。

他以前的所有同伴都变得厌倦起来。他们一个个离开了人世，当他们躺下安息之时，修道院为他们敲响挽钟。不知西门是否听到了这些钟声，是否在说"我的时候也快到了"？

很可能没有。他的感觉已经飞逝，感觉对他来说又有什么用处呢！现在，在日暮时分，给西门带来装着一瓶羊奶和一块干面包的，是一位年轻修士，当西门爬上石柱之时，这位修士还未出生呢。"他一直留在这里。"人们说，然后匆匆忙忙地在胸前画十字。

但是，有一天晚上，当这位年轻修士带着篮子过来时，上面没有放下绳子。他等了等，然后大声喊叫，但毫无回应。

当太阳重新升起之时，人们发现西门修士就坐在那里，脸埋在双膝间，黑袍的衣角遮盖住他的头。但他没有站起身，伸出双手祈祷。

他整天都坐在那里，一动不动。

人们在寂静中低声交谈。太阳下山时他会站起来祈祷吗？他会伸出双手祝福聚集在一起的朝圣者吗？

但他们看到一只秃鹰缓慢飘过，穿越苍穹，盘旋着飞来，越来越近。在远方的地平线上又来了一只，接着又来了一只，盘旋着飞来，越来越近。

在人类进程的行军中，有先锋，也有后卫。而后卫逐渐缩减为一队追随者，他们为了消遣和逃避饥饿而追随。先锋与后卫都与主力部队步调不一致，因此都受到大部队许多人的轻视。

然而，出于同情，大部队的人还是会提供救护车和"收容车"，目的是做"好事"——但"好事"总是为了后卫和跟随者而做，从来不会为先锋而做，而且先锋还冒着被伏击、被屠杀的危险。

但先锋遭遇的蔑视会有它的回报——当然，经常是迟延的回报——只有组成先锋的那些人，才会受到历史的敬仰，获得克利俄[1]的表彰。假如他们在生前获得认可，那也是这个忘恩负义、缺乏教养的世界扭曲而迟延的认可。这是世间最自然不过的事情了，如果不是如此，那反而成了奇迹。因为先锋的价值就在于，他们的行为超越了人类的同情。

本笃是文明的侦察兵。在他的时代，他引领先锋。他发现世人当中的成功之士沉湎于贪婪与暴食。所谓的宗教精英，与欺骗、迷信、无知、无能和苦行生活为伍，而苦行生活就像圣西门的生活一样，不会有任何结果或意义。

1　克利俄：希腊神话中主管历史的女神。

通过体验，人们知道什么是有益的，并且在体验中成长。要意识到地位、职位及财富毫无价值，你必须在某个时间先拥有它们。480年，本笃出生于一个富裕的意大利家庭。他的父母希望他接受法律的教育，这样他就可以在政府里获得一个受人尊敬的职位。

但在他十六岁的时候，处在这个年龄，神经正在男人与男孩之间颤动，本笃切断了与家庭脐带的联系，留下紫色长袍和丝绸服饰，突然失踪了。他留下了一张纸条，无疑本意是使人放心，但结果刚好相反，因为它没有说出他的信要转到哪里去。他已经远赴山间的城堡做了一名隐士。他一直希望做一件特别、奇异、与众不同的事，现在他终于这样做了。

在这所有一切的背后是"原始的宇宙冲动"。他深深地爱上了一个女孩，在月光下偷偷约会，但他父亲下了命令，他必须放弃这个女孩。他服从了命令，但同时进行了报复。

修道生活是原始宇宙冲动的倒行逆施，或是误入歧途。立志与诱惑做斗争，可能会成为一种行善的力量，如果和大自然相互合作的话。但在牧师的头脑中，大自然通常是不好的东西，世俗心是一种会导致毁灭的心态。通过行善做好人，这样的想法在修士的头脑中还未掌握。他的行善方式就是虚无，什么也不做——只是抵制住诱惑。只要成功地与诱惑斗争，东方的修士就会认为取得了成功。

有一天，就在山坡上的那块险峻光滑的岩石上，本笃长时间未向圣母致敬，他在构思一个想法。这个想法是：要让上帝接受，我们必须为人们做一些积极的善事。祈祷、敬拜、周游、苦修，这还不够。我们必须减轻劳动者的负担，给他们的生活带来一点喜悦。苦修的确有它的用处，但太多的苦修会毁了人类。

本笃只听过另外一个人提出过这样的观点，那人就是圣杰罗姆[1]。教会的许多好人都把圣杰罗姆当作只比异教徒稍好一丁点的人。圣杰罗姆是希腊和罗马文学的学者——它们被称作"异教徒的书"和"圣经的对手"。圣安东尼[2]否定并抨击这些书和所有异教徒的学问。圣安东尼是基督教禁欲主义之父，他详细论述了智性骄傲的可怕罪孽，并宣称，头脑的愉悦要比肉体的愉悦还更阴险、更邪恶。

在惯性的帮助下，安东尼获得了教会的支持，于是污垢、烂衣、懒惰被当成了神圣的东西。

本笃持有与安东尼不同的想法。

修道冲动是对原始宇宙冲动或是生育欲望的抗议。

必然地，原始宇宙冲动要比修道冲动更古老，毫无疑问，它还将在对手的坟墓上活蹦乱跳地手舞之，足蹈之。

原始宇宙冲动是创造性本能。它包括计划、目标、企盼、希望、不满、欲望和抱负。从它的一般意义上讲，它是"未实现的欲望"。它是持续不断地在成功的耳边喊叫的声音，"站起来，往前走，因为这不是你的休息地"。它是对所有已完成之事的不满足——它就是我们的"崇高的不满足"。它首先表现出来的是性。在最终升华之后，它指的是男人与女人之间的爱、对孩子的爱、对家的感觉以及对艺术、音乐和科学

1　圣杰罗姆（约340—420）：早期《圣经》学家，他作为《圣经》拉丁文本的译者，被西方笔译和口译工作者奉为守护神。
2　圣安东尼（1195—1231）：出身葡萄牙贵族家庭。因学识广博而被委派进行巡回讲道，被誉为"《圣经》的活库""教会的圣师"。36岁积劳成疾，于意大利巴度亚去世，因此得名"巴度亚的圣人"。

的欣赏——这些是用眼睛看到的爱——这些是自然的结果。

神通过自己的创造物进行创造，人是它的最高层次的创造物。但是人在迸发出一丁点智慧火花之后，就坐着等待造物主的判决，然后发现做的工作很糟糕。在所有动物当中，人是目前所知的唯一批评自己的环境，而不是接受环境的动物。我们这样做，从某种程度上讲，是因为我们在掌控智慧之前就已经放弃了直觉。

修道冲动是在我们外面的世界寻找帮助的倾向。我们期盼"强人"前来，将我们从灾难之中援救出来。所有的国家都有救世主和英雄的传说，他们挺身而出，解救受困的人们，而且还将带着更大的荣耀和更强的能力再次来临，甚至还能把死者从坟墓中救活。

修道冲动是建立在厌世基础之上的，可能是因为对爱失望或是性爱过度，这是同一件东西的两个阶段。而最简单的阶段是独居的愿望。

"独"即意味着"独自一人"，修道生活只是简单地一个人生活，远离这个世界。逐渐地，它的意思变成了与其他有类似思想或性情的人一起独居。

家族是家庭的延伸，因此原先也是一种修道冲动。群居的想法是修道生活的变种，但假如包括了男女，总会在第二代人中（如果不是之前的话）分解。因为原始宇宙冲动会感染成员们，他们约会、结婚，然后使这一群体产生动摇。

厄恩斯特·海克尔[1]最近暗示说，他相信，一夫一妻制是排斥他人的

1　厄恩斯特·海克尔（1834—1919）：德国哲学家和博物学家，达尔文理论的支持者。他绘制了有关所有动物的系谱图，并提出了"个体生命不完全地重演其系统发生"的格言。

生活，也是修道生活的一种稀释形式。他的看法是，为了使人类变得更加高贵，我们必须拥有一个自由的社会，政府应当敬畏并尊敬母亲，应当给那些亲自照顾自己孩子的母亲发放奖金。

修道生活和强制的一夫一妻制通常带着对母亲们的不尊敬，特别是对自由孕育的不敬，即便不是明确的蔑视。我们从最糟糕的品种中繁殖，在最糟糕的条件下繁殖，作为惩罚，上帝使我们变成了低等的种族。如果我们故意着手去繁殖最糟糕的品种，我们肯定无法做得更好。

可以立刻看出，自由孕育受到惩罚，这就完全像修道冲动——这是对原始宇宙冲动的抗议与厌恶。因此，厄恩斯特·海克尔追溯到叔本华，宣称我们应当奖赏为人父母者，政府应当给所有母亲提供津贴，带着温柔、温和、尊严和尊敬拜访她们，在这样的情况下，我们才会有能力制造出半神半人的种族。

教会给那些成功地抵制住原始宇宙冲动的男女加上光环，追封为圣徒。爱默生曾说："我们与大自然结盟时，我们很强大；我们与她作对或是漠视她时，我们很弱小。"这样爱默生就直接把自己放到了与教会作对的位置，因为教会把大自然看作对圣洁生活的诱惑和威胁。

那么，有没有这种可能，修道冲动的流行是否能证明，它本身是朝着大自然的方向行进的？很可能它的错误就在于超出了规范的范围。一些伟大的教士是这样想的，而最伟大、最优秀的一位，就我所知，就是本笃。通过他的努力，修道生活变成了行善的力量，至少在一段时间之内，它服务于社会，帮助人类走上了康庄大道。

苦修者、隐士或是带铁枷的修士，还有在一根柱子上栖息终生的圣西门，他们使人类受益——现在无人会否认这一点。西门只是试图让上帝高兴——以确保自己的灵魂得到拯救。他的假想是，这个世界是卑贱的、邪恶的。要保持内心的单纯，你必须远离它生活。他的坚忍是唯一值得赞扬的东西，而这是一种病态思想的坚忍。它的美丽，就像癌症的坚忍一样。

本笃也承认世界是邪恶的，但他说，我们要做的事就是要使它变得更好，如果我们所做的每件事都是为了拯救自己的灵魂，那是自私的、毫无价值的。他主张，为了拯救自己的灵魂，我们应当把拯救别人当作自己的事。另外，如果对自己的灵魂考虑得太多，那么自己的灵魂就不值得拯救。即使此生是为了来生准备，就像西门认为的那样，他所准备的这样一个来生，也不是我们乐意接受的来生。只要是神志正常的男女，不管是圣徒还是罪人，他们乐意安居的唯一天堂，应是人们可以随意顺从原始宇宙冲动的地方，就像可以随意顺从修道冲动一样。每一个人都应当像其他任何人一样，被认为是圣洁的。这就是圣本笃的想法。

有一个自然法则，已经得到思想家的承认与论述，这个法则名叫"收益递减法则"，有时也被称为"关键点法则"。

当一个人开始系统性地锻炼的时候，他会发现自己的力量变强了。他参加更多的锻炼，然后一直坚持锻炼，直到运动"过量"——也就是说，他变得腰酸背痛、一跛一拐的。他已经过了"关键点"，开始"收益递减"。

需要一定数量的煤，才能给蒸汽火车发动机提供动力，才可以拉动沉重的火车行驶出一英里远。假设火车每小时能跑五十英里，如果把煤的数量加倍，头脑简单的人会认为速度也会加倍，但铁路工人清楚，煤的数量加倍，只能使火车速度从每小时五十英里增加到每小时六十英里。如果再增加煤，就会开始"收益递减"。如果要坚持到时速八十英里，要付出非常昂贵的成本和冒极大的危险。

另外一个例子：你的身体需要一定数量的食物——身体就是一个发动机，食物是燃料，生命就是燃烧的过程。摄入食物的质量越好，数量越多，在一定的情况下，你的力量越大。而持续不断地增加食物，人最终会被撑死。如果以 5% 的利息借钱出去，你的投资是合理、安全、稳固的。如果以 10% 的利息借钱出去，你的收益并不能翻倍，相反，风险却翻倍了。如果以 20% 的利息借钱出去，你可能会失去这笔钱：如果有人以 20% 的利息向你借钱，意味着他根本就不打算还钱。

奥利弗·温德尔·霍姆斯[1]说以下的一段话时，他脑子里想的是"利益递减法则"："我喜欢在汤里放一丁点盐，但这并不意味着我希望被浸在盐水里。"

教会、传教士和宗教教派在一定的时间、一定的地点和在一定的"点"上，是好东西。至于教会对你来说是否过了"关键点"，要由你自己来决定。不过请记住这一点，某样东西在一定的"点"上是好的，或者曾经是好的，这并不代表它永远是好的。"利益递减法则"是对这个流行的谬误的自然辩驳，不能说因为某样东西是好的，你就可以永远获益良多。

亚伯拉罕·林肯说这段话时，他脑子里想的也是这个法则："我反对这个逻辑，它企图暗示说，我希望解放黑奴，就意味着我想找一个黑

1　奥利弗·温德尔·霍姆斯（1809—1894）：美国医生、作家、哈佛大学解剖学及生理学教授，他写过一些幽默的会谈式文章，例如《早餐桌上的独裁者》等。

人妇女做妻子。"

本笃花了五年时间抵制诱惑，然后突然醒悟：修道生活到一定的"点"之前是出色的，充满了美好的成果，但超过这个点之后，很快就会退化堕落。

他现在的愿望是把朴素、苦修的计划带到它的顶峰，而不要超越这个"点"。

他觉得，从社会中退出来，是有必要的，因为罗马的小气、琐碎和自私的野心令人厌恶。但宗教生活并没有让他排斥思维的愉悦。

在他未剃须、未刮脸，只穿着单件羊皮衣服的情况下，他不敢回到自己的家中。于是他开始使自己能被体面人所接受。他做了一件白袍，洗了个澡，剃掉了胡子，理了发，穿上衣服，回到家中。在荒野的生活使他的身体变得更强壮。他个子长高了，力量长大了，而他亲自证明，宗教隐士并不一定要不修边幅、令人反感。

他的亲人欢迎他回来，把他当作死里逃生之人。不论他走到哪里，人群就跟到哪里。他开始向他们布道，解释自己的立场。

他以前学校的一些旧同事投奔了他。

在他解释自己的立场时，它在自己的头脑中变得越来越清晰明了。我们在向别人做分析时，事情会变得清楚起来——通过向别人解释，事情对我们自己变得更加透明。

本笃的愿望是，净化修道院，使它们成为行善、完美的典范。他的愿望是，要使往昔的学问与基督教言归于好，而基督教此时已经变成了简单的苦修。它主要是压迫、抑制和扼杀所有自动自发、快乐、自然的冲动。

很自然地，他受到了严厉批评，当他回到曾居住的洞穴，试图教一些旧伙伴读写时，他们朝他扑了过来，之后就离开了他。他们宣称，他是披着修士外衣的魔鬼，他希望同时过修士与俗人的生活——他想吃掉蛋糕的同时还留着这块蛋糕。通过某种神授力量，他掌控住局面，坚持说，他的伙伴们应当和他一起干活，在花园中种植花草，栽种蔬菜与水果，而不是依赖救济金或是在没有救济金的情况下勉强对付。

　　他坚持说，所有人都必须干活，不管圣人也好，俗人也罢，有学问也好，文盲也罢，都有艰难的路要走。本笃的伙伴们宣称，他正在奴役他们，其中一个人酿造了一种毒药，替换了本笃喝的简单的草药茶。被发现之后，此人与合谋者逃之夭夭，尽管本笃主动提出原谅他们，如果他们愿意干活就忘掉这一切。

　　本笃带着从不松懈的毅力坚守自己的新灵感——上帝的声音已经向他召唤，他必须披荆斩棘，种植花园。

　　他砍下、烧毁了荆棘灌木，而他曾经光着身子在上面打滚。他放松了斋戒，祈祷和朝拜只局限于吃饭前、睡觉前，以及干活前几次短暂的动作。他将每天分为三个部分——八小时干活，八小时学习，八小时睡觉。然后他从这三个部分中，各拿出半小时进行默祷和敬拜。他认为，好好干活就是一种祈祷，甚至在用手挥动斧头、镰刀或者锄头时，人们也可以用自己的心灵与嘴唇祈祷。本笃对别人提出的要求，他自己身体力行，通过每日的干活，他变得非常强壮，有了强健的体魄。从我们找到的叙述中，他身材相当矮小，但在力量上超过身边的所有人。

　　曾有人讲述过他天生神力的奇迹故事，在单纯的信徒心目中，他被认为迥异于常人。这表明，人应当是什么样的，或者可以是什么样的，这样的理想并非高不可攀。有人告诉我们，在本笃的第一个修道院的附近有个很深的湖，是在尼禄[1]时代通过在一条山间溪流上筑坝而形成的。荆棘和藤蔓沿着湖边肆意滥长。本笃开始着手清理从湖泊到修道院的路面，包括足有半英里长的一部分山坡。有一天，一位工人把斧头掉进了湖泊。本笃微笑着念念有词地祈祷，斧头立即浮出水面。这个故事并没有说本笃潜到湖底把斧头带上来，但很可能他就是这样做的。第二天，斧头的主人掉进了水里，传说本笃走到水面上，然后把这人扛到肩膀上。我们并不相信奇迹，因此完全可以理解，本笃是一位精力旺盛、身手敏捷、身强力壮的游泳好手，他过着理智而简单的生活，通过自身的力量，能够完成周边的农民认为是奇迹的壮举。本笃有着所谓的"技痒"。他在规划、创造及建造中找到了巨大的喜悦。他善于鉴赏建筑风格与景观园艺。他利用古老的罗马神庙的材料建造基督教教堂，还从同一个采石场采石建造修道院。罗马废墟对他一直有诱惑力。它们意味着建造的机会。他在湖泊里放养鱼，之后进行捕鱼，这完全可以媲美"面包和鱼儿"[2]的寓言故事。只不过本笃的面包是由自己栽种的麦子制成的，而他喂养的人来听他讲他自己也在践行的福音——干活、节制及有常识地对头、手和心进行锻炼的福音。

投奔本笃而来的有十二名弟子。但后来申请加入的人变得数不胜

---

1 尼禄（37—68）：罗马皇帝，早期统治由其母阿格丽皮娜操纵，后谋杀了其母和妻子。64年的罗马大火可能是他操纵的。他的残酷与渎职引发了暴动，致使他自杀身亡。

2 这是《圣经》里的一个故事。有一天，大约五千人听耶稣讲道。不知不觉天色已晚了，耶稣对大家说："你们不必离开，我给你们吃的。"有个孩子有五个饼和两条鱼。但这些食物太少了，喂不饱大家的肚子。耶稣吩咐大家坐在草地上，然后拿起饼和鱼祷告，之后便分给大家。这时就出现了奇迹，这些食物不但喂饱了所有人，剩下的也不少。

数，为了减轻压力，本笃不断地把他们分成十二人一组的小组，每一小组指派一名负责人。为了证明自己对平等的重视，他在修道院，身边也只有十一人。他意识到领袖是必须的，但他穿的衣服不会比他们更好，他吃的食物和其他人的食物没有什么不同。不过为了执行纪律，制定了规则，且必须严格遵守。本笃也轮流参加准备饭菜及做些最粗重的活。

假如没有常识性的生活方式，没有为人服务的因素，基督教修道院，甚至基督教本身很可能都无法幸存下来。宗教如果和为人服务结合起来，就会被人们所接受。时至今日，证明《圣经·旧约》的奇迹真正发生过，这依然是基督教徒提供的学校、医院和孤儿院中非常常见的工作。

本笃努力将无私服务的生活与对古典文学的精神欣赏相结合，很自然地，他被人误解。有好几次，他几乎与罗马教会的当权者发生严重的冲突。

他的布道引起了某些教士的嫉妒，但他并不是一位教士，因此教皇拒绝留意他的所谓的异端邪说。

曾有人企图强迫他成为一名教士，但本笃拒绝了，他的借口是自己太微不足道了。然而，事实是他不愿受到教会规则的约束。

从某种意义上讲，他信奉的是宗教中的宗教，稍微发生一点意外，就会促成一个反对的教派：路德的新教就是一个意外，而卫斯理的卫理公会派是另外一个意外。

有好几次，反对他的人，因为相信本笃是教会的敌人，甚至试图谋杀他。另外有一次，罗马的一些虔诚人士引诱了一群放荡的女人来到本笃的修道院，在他美丽的地面上嬉戏打闹。这样做显然有两个目的：一是利用娼妓使本笃会信徒直接衰败；二是在访客中制造丑闻，他们会将这些使人难堪的新闻带回罗马，为流言蜚语提供原料。

对这个卑鄙的阴谋诡计，本笃极为愤慨。因此他退回原先的居所——山坡的洞穴里，并在那里绝食了一个月。

但在这段独居的时间里，他的头脑在忙着想新的计划。此时他建造了卡西诺山[1]。这个地方位于罗马与那不勒斯[2]之间，这座建筑的白色、经典的轮廓可以从铁路上看到。在悬崖峭壁之上，在一片碧绿之中，这里曾经出演了一千多年的宗教生活的戏剧。这里的许多居民都难逃被火烧死、被剑刺死的命运。但随着岁月的流逝，新的人又来到，遗迹又得到修复。

修道院又被圣徒的虔诚脚步所踩踏。哥特人、伦巴族人[3]、萨拉森人[4]、诺曼人[5]、西班牙人、条顿人，最后来了拿破仑·波拿巴[6]，他没收了财产，使这个地方成为自己暂住的家。后来，他动了怜悯之心，把它从自己的宠臣那里拿走，此前他把修道院赐给了这个宠臣，还给教会。然后它一直保留为圣本笃会修道院，直到1866年，在马西尼及加里波

---

1 卡西诺山：位于意大利，529年，圣本笃在此创建了大修道院。

2 那不勒斯：意大利中南部的一座城市，位于第勒尼安海的那不勒斯湾。于前600年由希腊人建立，前4世纪罗马人征服那不勒斯，后成为独立的公国（8世纪）并成为那不勒斯王国的首都（1282—1860），是重要海港和商业、文化、旅游中心。

3 伦巴族人：6世纪入侵意大利并在波河河谷建立了一个王国的条顿民族的成员。

4 萨拉森人：中世纪时指代阿拉伯人。

5 诺曼人：斯堪的纳维亚半岛上的居民，10世纪时居住于法国北部。

6 拿破仑·波拿巴（1769—1821）：法国军事家、政治家，法兰西第一共和国第一执政（1799—1804），法兰西第一帝国及百日王朝的皇帝（1804—1815），曾经占领过西欧和中欧的大部分领土。

第[1]的帮助下，因为一个法令，使意大利的修道院成为过去。这个地方现在是一所学校——一个以男女同校为附加条件的学校。就这样，为了使更大的荣耀出现，世界的荣耀消失无踪。

在本笃时代之前六百年，卡西诺山上的修道院所在地，屹立着一个阿波罗神庙，下面相邻的是属于维纳斯的神圣不可侵犯的树丛。

本笃时代之前二百年，哥特人的工作干得很漂亮，甚至把阿波罗神庙的墙铲平了，神圣的树丛变成了野兽的家。

本笃和另外十一个人来到了这个荒凉的地方，心中充满了神圣的热忱，就在这个地方，他们想建造起一个配得起鲜活的上帝的宏伟建筑。在这里，实际的建筑工和宗教的梦想家结合在一起。如果你要建一个建筑，为什么不在一个已经有墙、有砍削成型的建材的地方建造呢？

本笃的卡西诺修道院在艺术之美上，可与被它替换掉的神庙媲美。

人是建造动物，曾经促使希腊及罗马计划、设计、苦干和建造的创造力，此时同样在这位好修士本笃身上发挥作用。他建造的愿望是伟大的原始宇宙冲动的一种形式，这种冲动经久不衰，如今正在美国建造一个世人见过的最美、最好、最崇高的宗教——人性的宗教。对这个宗教，本笃有时看到了飞逝而过的影像，就像人们在夜间看到闪电一闪而点亮的美丽景色一样。

本笃的座右铭是"祈祷和劳动"[2]。这些词被刻在每一个圣本笃修道院的入口处。

---

1 加里波第（1807—1882）：意大利将军和民族主义者，曾率领一千名志愿者占领西西里和那不勒斯（1860）。他的征服导致了意大利王国的成立（1861）。

2 原文为"EcceLabora"。

隐修的想法来源于东方。在东方，对懒散没有特别的惩罚。实际上，在亚洲一些地方，劳动可能会被当作一种诅咒。道德是具体化的便利，据我们所知，它们都是地理学的范畴，时间的范畴。

而真实的情况是，在地中海北部，懒散被当作一种诅咒，而不是劳动。

本笃的规则与震颤派的教派不无相似之处，在每个修道院附近有一个女修道院。把男人和女人联系在一起，尽管是有限的联系，对双方来说，都比特拉比斯教会[1]这样绝对的分开要好，而特拉比斯教会甚至认为看女人的脸都有罪。

本笃会信徒的勤俭节约，可与安·李[2]和我们黎巴嫩的朋友媲美。如果一个人工作八小时，智力超群，而且不会去肆意挥霍，不会浪费光阴，这样的人绝对会富裕起来。梭罗是对的——每天干活一小时就可以养活自己。但梭罗的错误在于，认为人干活只是为了得到食物、衣服和庇护所。一天只工作一小时，将会变成一个懒人。我们工作不是为了获得，而是为了成长。

群居的想法，只要有能干的领导和宗教的理念，总是能取得成功。摩门教[3]教徒、贵格会[4]教徒、和谐派、节约派和奥奈达公社，都变得非常富裕，不仅在钱财方面，而且在健康、幸福、智慧和总体的心理领会

1　特拉比斯教会：经过改革的天主教西妥修道会的主要一支，成员以苦行和发誓沉默为特征，1664 年建立于法国西北部的拉特拉比斯修道院。

2　安·李（1736—1784）：英国宗教领袖，美国震颤派的创始者。

3　摩门教：1830 年创立于美国的宗教，正式名称为"耶稣基督后期圣徒教会"。

4　贵格会：又称公谊会、教友派，基督教的教派，其信条为强烈反对暴力与战争。

等方面，都远远超过了邻居。

布鲁克农场之所以失败，是因为缺少一位有商业头脑的领袖，但即使如此，它仍给成员们留下了一份精神与智力的丰厚遗产。在家庭生活中，或者所谓的社会中，总会有不断对抗的危险，不是为了行善或是为人们服务，而是为了肆意浪费及悠闲放纵。作为仪式也好，作为思想也好，宗教被完全丢失了。事实上，"好的社会"从实质上讲都是出自掠夺式的本能的。在公共生活中或是群体生活中，服务、不浪费，这就是口号。必须是这样，因为每一个团体在最初的时候，都是在服务思想的指导下聚集在一起的。以嫉妒的竞争与激烈的活动为基础而走到一起，并且团结到一起，这是不可想象的，因为正是这些东西使团体分崩离析。

每个成员都奉献一切，只要是以此基础创立、信奉这一原则的团体，就会赢得一切，这是一个经济法则。本笃的"祈祷和劳动"的思想，使每一个本笃会修道院都变成了财富中心。工作阻止了争吵、冲突和过度的浪费。它有助于健康与力量。而对工作的奖励，不是免于干活，而是要做更多的工作——以得到增强的工作能力。

德·托克维尔[1]给出了成功的秘诀：克制自己，奉献自己。

也就是说，要克制自我到一定的程度，使它乐意集中于无私的服务。只要这样做，总是能成功，因为他不仅在执行一个鲜有竞争的人生计划，而且他正在遵从一个神圣法则，相互依存的法则。法则规定，你

---

1 德·托克维尔（1805—1859）：法国政治家、旅行家和历史学家，在周游美国（1831—1832）后写了《论美国的民主》（1835），这是一本影响极广的研究美国体制的专著。

对别人做了多少好事，你也就为自己做了多少好事。

本笃式修道直接收获了财富与强大的影响力。这一团体的领袖变成了一位大财主。"我宣誓甘守贫困，却有了每年两千英镑的收入。我宣誓服从与顺从，但发现自己成为五十个城镇和乡村的统治者。"沃尔特·司各特把这段话放到了一位修道院院长的嘴里，他通过我刚才提到的简单法则变成了一位大富翁。在小说《修道院院长》中，沃尔特爵士描绘了一个悲惨的画面，权力与财富既可以获得，也可能失去。封建制度由修道院的统治而始。

本笃是世界上最伟大的工业巨头之一。像其他伟大的企业家一样，他通过利用其他人的努力而成功。在挑选修道院院长或是每一个组的"长者"时，他展现出了罕见的技艺。这些人从他那里学到东西，而他也从他们那里学到东西。他最出色的一个手下是卡西奥德[1]，这位想出了"文书房"[2]的人。"每天学习八个小时还不够。"卡西奥德说，"我们应当把伟大的文学作品抄写下来，这样每个修道院都会有一个图书馆，就像我们在卡西诺山一样。"他自己是一位专业的书法家，于是他亲自开始教会修士们如何写字，如何阅读。"写字写得漂亮，我们的上帝会非常欢喜。"他说道。

本笃喜欢这个想法，立即将其付诸实施。卡西奥德成为所有喜欢自己行业的书商的守护神。

文书房的系统工作起源于卡西奥德的头脑，而他被本笃委派到一个

1　卡西奥德：6世纪罗马政治家和历史学家，著有《编年史》和《学院》。
2　文书房：在寺院里被留出来用于复写、写作或者注解手稿和记录的房屋。

又一个修道院，通知修道院院长，上帝的声音向本笃传话，说这些宝贵的书必须抄录下来，呈献给那些珍视它们的人。

卡西奥德曾做过狄奥多里克大帝[1]的部长，他也曾经是一名军人。一次偶然到访卡西诺山之后，他深受本笃的影响，此时他已经七十岁了。本笃刚开始的时候命令他拿一把斧头，和仆人们一起挖开矮树丛，开辟出一块荒地来耕种东西。卡西奥德顺从地执行命令，并很快就发现，在顺从的过程中，他感觉到一种从未体会到的喜悦。他的原名是布累班特斯·瓦鲁斯，但在他宣布打算留下来和本笃一起工作时，他荣幸地被命名为卡西奥德，来源可能是卡西纳姆[2]或是卡西诺。卡西奥德活到了九十二岁，是除本笃本人外，把对艺术和美的热爱介绍给本笃会信徒的最重要人物之一。

在卡西诺山旁边有一个女修道院，院长是圣思嘉，圣本笃的孪生妹妹。

勒南说圣思嘉与圣本笃的关系是一种精神上的关系，而不是血缘关系。如果真是这样的话，我们依然尊重它。圣雷戈里这样讲述了圣本笃之死：

> 本笃已时日无多了。他与托提拉[3]的会面是在546年进行的，就在他去世之前的一年；在接下来的一年时间的早期，上帝为他准

1　狄奥多里克大帝：东哥特王国国王（493—526），493年在意大利建立东哥特王国，在位时期是东哥特王国最强盛的时期，他死后王国很快就灭亡了。

2　卡西纳姆：意大利古城。

3　托提拉：东哥特王国国王（541—552），多次带领东哥特人反抗东罗马帝国。

备好了最后的战斗，要求他奉献出留在地球上最温柔的爱。本笃和他的孪生妹妹的最后一次会面，这个美丽而感人的场面让人久久难忘。在她去世三天之后，本笃透过天窗看见了他亲爱的妹妹的灵魂化作雪鸽进入天堂的情景。他立即派人去将她的遗体运来，安葬在他为自己准备的坟墓里面。死亡不会分隔那些灵魂已经在上帝那里合为整体的人。

妹妹的去世是他即将离开人世的标志。他比她多活了四十天。他向自己的几位修士宣布了自己的死期，然后远离卡西诺山。他发起了高烧，在生病的第六天，吩咐别人把他带到圣施洗约翰[1]的教堂；在此之前他已经下令打开他妹妹已在那里安息的坟墓。

就在那里，在弟子们的搀扶之下，他接受了临终圣餐，然后自己来到已打开的坟墓的旁边，就在神坛的下面。他的双臂伸向天空，他离开了人世，仍然站立着，嘴里念着最后的祈祷。这样的一种胜利的死亡使他成为上帝的伟大战士。他被安葬在他亲爱的思嘉旁边，他的坟墓位于一个曾放置阿波罗神坛的地方，后来又被我们亲爱的救世主用另外的神坛代替。

就在同一年，同一时间，查士丁尼一世[2]和西奥多拉[3]正在准备《查

1　施洗约翰：《圣经》中的人物。相传他在耶稣传教之前即宣讲最后的审判，为悔改者施洗礼，并为耶稣施洗。因批评犹太王希律而被捕入狱，希律的继女撒罗米要求得到约翰的首级作为她为宾客跳舞的代价，约翰因而被处死。

2　查士丁尼一世：东罗马帝国皇帝（527—565），在位期间抵御波斯人，重新征服先前罗马在非洲、意大利和西班牙的领土。

3　西奥多拉：东罗马帝国皇后（527—548），查士丁尼一世的妻子和顾问。

斯丁尼法典》，而圣本笃正在忙着修改《修道会规》。圣本笃并没有认为这些会规是一劳永逸的，他解释说，它们只是在它们的时代、它们的地点方便使用。在这一点上，他不可思议地谦逊。如果人们不迷信这些名为"修道院"的社区团体有什么"神圣""圣洁"之类的想法，然后读一读这些会规，就会明白，它们是在对经济学有相当的了解、严格遵照常识的情况下建立的。

　　一千年前的人类和现在是一样的。圣本笃必须与懒惰、自私以及刚刚出现的妄想狂做斗争，就像如今那些试图引进实际社会主义的人一样。从这本出色的《修道会规》中摘录几句，就可以发现圣本笃超人的聪明智慧。圣本笃的任务是，管住那些邋里邋遢、漠不关心、粗枝大叶、偷工减料的人，让他们留在合适的地方，这样他们就不会打扰或破坏能干之士的安宁、活动和繁荣。

　　圣本笃说道："只有在我们都不完美，容易走向自私、无序的时候，书面、正式的会规才有必要。当人们变得明智而无私的时候，规则和法律再也没有必要存在了。"

　　圣本笃的《修道会规》是一本两千多字的书。它的内容展现了一种洞察力，吸引了所有立志进行社会实验的人，更不用说用于工会管理之类的工作了。圣本笃是这个世界的工业领袖之一。他的一生是一个纪元，他虽然已辞世多年，影响依然！